Helmut Pelzer

Das bedingungslose Grundeinkommen

Vergangenes bewahren, Gegenwärtiges erfahren, Zukünftiges denken

Helmut Pelzer

Das bedingungslose Grundeinkommen

Finanzierung und Realisierung nach dem
mathematisch fundierten Transfergrenzen-Modell

Eine kurze Zusammenfassung

 Lucius & Lucius · Stuttgart

Anschrift des Autors:
Prof. Dr. Helmut Pelzer
Beim Tannenhof 24
89079 Ulm

helmut.pelzer@uni-ulm.de

Bibliographische Information der Deutschen Nationalbibliothek

Die Deutsche Nationalbibliothek verzeichnet diese Publikation in der Deutschen Nationalbibliographie; detaillierte bibliographische Daten sind im Internet über http://dnb.ddb.de abrufbar

ISBN 978-3-8282-0530-7

© Lucius & Lucius Verlagsgesellschaft mbH · Stuttgart · 2010
Gerokstraße 51 · D-70184 Stuttgart · www.luciusverlag.com

Das Werk einschließlich aller seiner Teile ist urheberrechtlich geschützt. Jede Verwertung außerhalb der engen Grenzen des Urheberrechtsgesetzes ist ohne Zustimmung des Verlags unzulässig und strafbar. Das gilt insbesondere für Vervielfältigungen, Übersetzungen, Mikroverfilmungen und die Einspeicherung und Verarbeitung in elektronischen Systemen.

Druck und Einband: Rosch-Buch, Scheßlitz
Printed in Germany

Vorwort

Die Forderung nach einem vom Staat garantierten Grundeinkommen für alle Bürger hat in den letzten Jahren in Deutschland wie auch in anderen Ländern eine große und nach wie vor steigende Zahl von Anhängern gefunden. Allein über 60.000 Bundesbürger erreichten Ende 2009 durch eine Petition, dass dieses Thema im Bundestag diskutiert werden soll. Eine Vorhersage über das zu erwartende Ergebnis einer solchen politischen Debatte ist zur Zeit noch nicht möglich. Abgesehen von den vielen Gegnern, die vom gesellschaftlichen und wirtschaftlichen Nutzen einer derartigen (Sozial-)Reform erst noch überzeugt werden müssen, sind sich auch die Befürworter nicht einig, sowohl in Detailfragen zum Grundeinkommen selbst, als auch in den Möglichkeiten zu seiner Finanzierung. Von verschiedenen Arbeitsgruppen sowie von Einzelpersonen wurden dazu unterschiedliche „Modelle" entwickelt. Sie in ein einheitliches Konzept zusammen zu fassen, wurde bisher nicht versucht. Über die Gründe kann nur spekuliert werden. Ein Hemmnis ist die Frage nach der Finanzierbarkeit jedes dieser Modelle. Es geht immerhin, denkt man nur an die Finanzierung eines solchen Grundeinkommens in Höhe des staatlich festgelegten Existenzminimums von monatlich 650 Euro / Person (2010), um etwa 650 Mrd. Euro / Jahr, ein Betrag, der vom Staat nicht aufgebracht werden kann, selbst wenn alle gegenwärtigen sozialen Transferleistungen darin aufgehen würden (was rechtlich gar nicht möglich ist).

Und ein Grundeinkommen, das alle Bürger, die armen wie die reichen, gleichermaßen ohne Gegenleistung zusätzlich zu ihrem sonstigen Einkommen bekommen, wäre ohnehin nonsense. Man denke nur an einen Einkommens-Millionär, der für nichts vom Staat zusätzlich 650 € im Monat erhält. Andererseits wäre das Bewusstsein, dass man auch bei schwersten Schicksalsschlägen nicht in die absolute Armut fallen kann, für alle ein großer Gewinn an Sicherheit. In einer sozialen Gemeinschaft sollte diese Einstellung ohnehin ein ethisches Muss sein.

Solche Gedanken beschäftigten den Autor schon vor über 30 Jahren, als sich abzuzeichnen begann, dass die bis dahin so segensreiche *soziale Marktwirtschaft* den künftigen Herausforderungen durch die Globalisierung von Wirtschaft und Kapital nicht gewachsen sein wird. Und in Anbetracht der zunehmenden Automation war das Problem der Massenarbeitslosigkeit vorhersehbar. So begannen Überlegungen, ob man dafür nicht einen wirksamen Ersatz schaffen kann. Das zunächst theoretische Ergebnis war ein Umverteilungs-Verfahren für alle persönlichen Bruttoeinkommen ohne zusätzlichen Rückgriff auf Eigentum und Besitz. Alle Bürger sollten einen für alle gleichen Prozentsatz (Transferentzugsrate) ihrer Bruttoeinkommen bzw. -löhne in eine gemeinsame „Bürgergeldkasse" einbringen. Die Summe daraus, dividiert durch die Zahl der Bürger könnte dann in gleicher Höhe an alle als „Bürgergeld" zurück erstattet werden. Dieser Idee lag eine einfache mathematische Formel zugrunde, wir nannten sie „Ulmer Modell eines Bürgergeldes". Bald zeigte sich jedoch, dass dieses Konzept in der Praxis nicht realisierbar ist und es zudem Verwechslungen mit dem „Bürgergeld der FDP" nach sich zog. Als Ursache dieses Dilemmas wurde schließlich die Nichtbeachtung der „Transfergrenze" in der Rechnung erkannt, jener Punkt in der Einkommensskala, bei dem die Summe aus Grundeinkommen (Bürgergeld) minus Transferentzugsrate S I, gleich Null ist. Wir nennen diesen Punkt die „Transfergrenze". Alle Bürger mit niedrigem Einkommen / Lohn bekommen auf diese Weise mehr Geld zurück als sie abgeben müssen, sie sind „Nettoempfänger". Die anderen haben in der Summe etwas weniger als ihr Einkommen, sie sind die „Nettozahler". Berechnungen mit einer großen Zahl von Einkommensdaten vom Statistischen Bundesamt ergaben, dass ein so gestaltetes „BGE für alle" mit einer nur geringen Belastung (S II) der Nettozahler finanziert werden kann.

Auch für dieses erweiterte Konzept konnte schließlich wie beim „Ulmer Modell" eine einfache mathematische Formulierung gefunden werden, die nun den Namen „Transfergrenzen-Modell" (TG-Modell) erhielt. Wie das Ulmer Modell besteht das TG-Modell nur aus Buchstaben (Parametern), für die wahlweise unterschiedliche Zahlen eingesetzt werden können. So steht B für das monatliche Grundeinkommen selbst, und auch die Sozialabgabe S I (und wahlweise für S II) kann variiert werden . Hinzugefügt wurden K für die Beiträge zur gesetzlichen Krankenkasse und ein Parameter A, um auch falls erforderlich oder gewünscht noch andere Geldquellen zur Finanzierung des Ganzen heranziehen zu können.

Basis aller Rechnungen im TG-Modell sind die aktuellen Daten zur Einkommensverteilung in dem jeweiligen Gültigkeitsgebiet (in Deutschland ermittelt vom Statistischen Bundesamt).

In der Verwendung variabler Parameter unterscheidet sich das TG-Modell von allen anderen bekannten Finanzierungs-Konzepten für ein bedingungsloses Grundeinkommen und erfordert eine von ihnen unterschiedliche, weitergreifende Denkweise. Alle Buchstaben sind in ihrem Wert letztlich variabel, auch das persönliche Einkommen Y und ebenso V (Volkseinkommen) in dem betreffenden Land und N, die dortige Bevölkerungszahl mit der spezifischen Einkommensverteilung. Sogar die Transfergrenze (TG, Yt), kann in der Rechnung versuchsweise verändert werden, um zu sehen, wie groß B und S I sein müssten, um diese TG zu erreichen.

Darin unterscheidet sich das Transfergrenzenmodell grundsätzlich von allen anderen BGE-Modellen. Es beschreibt nicht ein bestimmtes BGE, sondern ist für den Gesetzgeber als mathematisches, digitalisiertes Werkzeug zur bestmöglichen Gestaltung eines solchen zu verstehen. Damit hat es auch für andere Staaten Gültigkeit mit ihren unterschiedlichen sozialen Standards. So könnte es zum Beispiel in der ganzen EU als einheitliches Konzept für ein Grundeinkommen herangezogen werden. Deutschland und die EU als Vorreiter eines neuartigen sozialen Systems im Kapitalismus?

Das TG-Modell hat eine Entstehungsgeschichte von über 30 Jahren. Es konnte nur zu dem hier beschriebenen Ergebnis kommen durch die zahllosen oft kontroversen Diskussionen nach vielen Vorträgen und Seminaren in ganz Deutschland und einen in Holland. Besonders ergiebig waren die Debatten mit den Mitgliedern des über 10 Jahre bestehenden Arbeitskreises „Bürgergeld und Grundeinkommen" im *Zentrum für allgemeine wissenschaftliche Weiterbildung* an der Universität Ulm. Dessen Leiterin Carmen Stadelhofer gebührt besonderer Dank für ihr Engagement in Sachen Grundeinkommen. Einen großen Anteil am Gelingen des Projekts TG-Modell hatte Dr. Ute Fischer, Soziologin und

Ökonomin an der Universität Dortmund und Mitglied der Initiative „Freiheit statt Vollbeschäftigung". Ohne die Zusammenarbeit mit ihr hätte das Projekt TG-Modell schon im Jahr 2003 mangels spezieller weiterführender Fachkenntnisse abgebrochen werden müssen.

Einen besonderen Dank sage ich jedoch meiner Ehefrau Dr. Sibylle Herrlen-Pelzer. Ohne ihr Verständnis für das oft nervenaufreibende Leben ihres Mannes mit dem BGE und ohne ihr Mitdenken hätten diese 30 Jahre nicht durchgehalten werden können.

Ulm, im September 2010

Helmut Pelzer

Inhalt

1. Einleitung — 1
2. Was wollen wir? — 5
3. Das Bedingungslose Grundeinkommen (BGE): Ein sozioökonomisches Konzept — 8
   - 3. 1 Ausgangslage — 8
   - 3. 2 Das Transfergrenzen-Modell: Unser Konzept eines Grundeinkommens — 8
     - 3. 2. 1 Theorie und Grundlagen. Das ursprüngliche „Ulmer Modell" — 8
     - 3. 2. 2 Die Transfergrenze — 11
     - 3. 2. 3 Finanzierung des BGE aus der Summe der persönlichen Bruttoeinkommen — 13
     - 3. 2. 4 Das Transfergrenzen-Modell (TG-Modell) im Detail — 15
     - 3. 2. 5 Der Übergang vom Nettoempfänger zum Nettozahler an der Transfergrenze — 17
     - 3. 2. 6 Das BGE und die gesetzlichen Sozialkassen — 22
     - 3. 2. 7 Splitting — 23
     - 3. 2. 8 BGE für alle — 25
4. Erweiterung durch das Konsumsteuer-Modell von Goetz Werner — 27
5. Schere arm – reich — 29
6. BGE für Kinder und Jugendliche — 29
7. Menschenwürde und BGE-Betrag — 31
8. Mindestlöhne: BGE statt Kombilohn — 33
9. BGE und Berufsausbildung — 33
10. Das BGE in der EU und weltweit — 34
11. Zeitlich begrenzte regionale Erprobung: der Weg in die Praxis — 35
12. Praktische Durchführung der Rechnungen — 37
    - 12. 1 Datensammlung und ihre Interpretation — 37
    - 12. 2 Statistische Daten aus den Jahren 1998 und 2003 — 38
    - 12. 3. Das monatlich an jede (erwachsene) Person auszuzahlende BGE — 39
    - 12. 4 Übergang von heute auf morgen: BGE statt Hartz IV — 41
13. Ausblick und künftige Entwicklung — 42
14. Literatur — 50
15. Anhang — 53
    Beschreibung des Rechenprogramms in Excel — 53

16. Nachwort 54
    16. 1 Das Grundeinkommen –
          Potenziale und Grenzen eines Reformvorschlags 54
    16. 2 Sozialstaat in der Krise: „Das Geld langt für alle.
          Aber die Arbeit nicht: Zum Sozialstaat gibt es keine Alternative". ... 66
    16. 3 Ein Grundeinkommen für alle –
          ganzheitliche Lösung statt partielles Flickwerk 68

Abkürzungen:

A	andere Geldquellen pro Jahr
B	BGE pro Erwachsener mtl.
BGE	Bedingungsloses Grundeinkommen
BVG	Bundesverfassungsgericht
EM	Existenzminimum
ESt	Einkommensteuer
zvE	zu versteuerndes Einkommen
K	mtl. Beitrag der BGE-Empfänger unterhalb der TG zu den gesetzlichen Sozialkassen (Krankenkasse etc.)
k	dasselbe oberhalb der Transfergrenze, kontinuierlich fallend bis Null
Ne	Zahl der Nettoempfänger (Erwachsene)
S I	Sozialabgabe (Transferentzugsrate) unterhalb der Transfergrenze in % vom Bruttoeinkommen
S II	Sozialabgabe oberhalb der Transfergrenze in % vom Bruttoeinkommen
S IIα + S IIβ	gespaltene Sozialabgabe S II beim BGE für alle
SEM	Steuerliches Existenzminimum
StBA	Statistisches Bundesamt
TG	Transfergrenze
Ve	Summe der monatl. Einkommen aller Nettoempfänger (bis Transfergrenze)
Vz	Summe der monatl. Einkommen aller Nettozahler (ab Transfergrenze)
Ve + Vz	V (Summe aller Bruttoeinkommen)
Y	persönliches Bruttoeinkommen
Yt	persönliches Bruttoeinkommen an der Transfergrenze
<, >	persönliches Bruttoeinkommen kleiner / größer als

Abbildungen

Seite

Abb. 1: Auswirkungen eines Bürgergelds / Basiseinkommens auf verschiedene Bereiche von Gesellschaft und Wirtschaft (Pelzer 1999)   7

Abb. 2: mit Hilfstabellen: Graphische Darstellung des Verlaufs der steigenden Sozialabgabe S II (Abb. 2 a) und des abnehmenden Krankenkassen-Zuschusses oberhalb der Transfergrenze.   19

Abb. 3: BGE für alle: Sozialabgaben S IIα und S IIβ bei B = 800 Euro mtl., S I = 50 %   27

Tabellen

Tab. 1   Einige Rechenbeispiele mit verschiedenen Parameter-Kombinationen, BGE unterhalb 600 Euro mtl.   13

Tab. 2a u. 2 b: Einige Rechenbeispiele zum TG-Modell mit verschiedenen Parameter-Kombinationen   16

Tab. 3   Einige Beispiel-Rechnungen zur Variante (Daten von 2003)   21

Tab. 4 a: Einige Beispiele mit K und B als getrennte variable Parameter   23
Tab. 4 b: Einige Beispiele mit K und B als gemeinsamer variabler Parameter (Althaus-Modell)

Gleichungen

Gl. 1a	Das Ulmer Modell $N \cdot B = V \cdot F \quad F = N \cdot B / V$	10
Gl. 1b	$B = V \cdot F / N$	11
Gl. 2	$TG = Y_t = B \cdot 100 / SI$	15
Gl. 3	$SII = (Ne \cdot B - Ve \cdot SI/100 - A/12) \cdot 100 / Vz$	15
Gl. 4	$SIIs = (Y - Y_t) / (Y_1 - Y_t) \cdot SII$	17
Gl. 5	$k = K - (Y - Y_t) / (Y_1 - Y_t) \cdot K$	18
Gl. 6	$Y1 = B \cdot 100 / (SI - SII)$	21
Gl. 7a	$SII = (Ne \cdot B - Ve \cdot SI/100 - A/12 + K) \cdot 100 / Vz$	22
Gl. 7b	$SII = (Ne \cdot (B+K) - Ve \cdot SI/100 - A/12 + K) \cdot 100 / Vz$	22
Gl. 8a	$SII\beta = B \cdot 100 / Y$	25
Gl. 8b	$SII\beta \cdot Y = B \cdot 100$	25
Gl. 8c	$SII = SII\alpha + SII\beta =$	
	$(Ne \cdot (B+K) - Ve \cdot SI/100 - A/12) \cdot 100 / Vz + (B+K) \cdot 100 / Y$	26
Gl. 8d	$SII \cdot Y / 100 = B$	27

1. Einleitung

Bedingungsloses Grundeinkommen: Warum, wie viel, woher?

Die Idee (oder besser die Vision) eines bedingungslosen Grundeinkommens (BGE) erntet in letzter Zeit steigendes Interesse in Gesellschaft, Politik und Presse, nicht nur in Deutschland, sondern weltweit. Die Gründe liegen wohl in den durch kapitalistische Wirtschaftsordnung, Automation und Globalisierung veränderten Sozialstrukturen. So wird – weltweit – in den verschiedenen Gruppierungen über ein BGE nachgedacht und diskutiert, das die Menschen vor dem totalen Absturz in die Armut und vor einem dadurch bedingten Ausschluss aus dem gesellschaftlichen Umfeld bewahren soll. Nichts weniger als die Würde des Menschen steht auf dem Spiel.

Die Würde des Menschen ist unantastbar. Sie zu achten und zu schützen ist Verpflichtung aller staatlichen Gewalt (Grundgesetz der Bundesrepublik Deutschland, Artikel 1). Vor Gott und dem Gesetz sind alle Menschen gleich. Aber: Wer nicht arbeiten will, soll auch nicht essen (Paulus im 2. Thessalonicherbrief [3.10]). Wie sind diese heiligen Grundsätze miteinander vereinbar? Was ist die Würde des Menschen? Was bedeutet Gleichheit vor Gott, Gleichheit vor dem Gesetz? Was meint das Wort „Menschenrechte"? In Deutschland, und nur auf dieses Land soll hier Bezug genommen werden, besteht zwar Einvernehmen über die Gültigkeit dieser Grundsätze. Wie aber sieht es mit der Praxis aus? In der medizinischen Versorgung sind die Menschen in Deutschland weitgehend gesetzlich verankert seit festgelegt wurde, dass jeder Bürger in irgend einer Weise krankenversichert ist. Das ist die finanzielle Seite. Und jeder Arzt ist mitsamt dem medizinischen Personal – nicht nur moralisch – verpflichtet, im Notfall mit all seinem Können zu helfen „ohne Ansehen der Person" und unabhängig davon, ob und wie denn seine Hilfe finanziert werden kann. Das ist die ethische Seite, sie steht im Einklang mit Gott und dem Gesetz. Inwieweit dies auch in anderen Ländern so gesehen wird, soll hier nicht untersucht werden.

Wie aber steht es in Deutschland (und in anderen Staaten) mit der Gleichheit im sozialen Bereich? Inwieweit spielen hier ebenfalls hehre ethische Grundsätze eine Rolle? Gibt es an einer der Hochschulen das Spezialfach „Sozialethik", wie zumindest in der Schweiz an der Universität St. Gallen das Fach „Wirtschaftsethik" gelehrt wird? Gibt es in Europa schon eine etablierte katholische Sozialethik, so wie sie Oswald von Nell Breuning in der 2. Hälfte des vorigen Jahrhunderts beschrieben hat. Was müsste eine „Sozialethik" beinhalten, um überhaupt glaubhaft und erstrebenswert zu sein? Ist es etwa die „soziale Gerechtigkeit", die von vielen Bürgern, vor allem von Politikern, lautstark gefordert wird?

Gerade über die soziale Gerechtigkeit haben in jüngster Vergangenheit namhafte Philosophen engagiert nachgedacht, ohne zu einem befriedigenden Ergebnis zu kommen. Nur zwei Beispiele seien hier genannt: John Rawls schlug in seiner „Theorie der Gerechtigkeit" (1979) vor, Gerechtigkeit als Fairness zu verstehen. Wolfgang Kersting zeigt in seinen „Theorien der sozialen Gerechtigkeit" (2000), dass es im sozialen Bereich keine absolute Gerechtigkeit geben kann, sondern bestenfalls eine „Bedarfsgerechtigkeit", die jedoch, da sie sich nur auf Individuen bezieht, nicht mit „sozialer Gerechtigkeit" in Einklang zu bringen ist.

Das Leben der Menschen in den Industrieländern ist heute geprägt durch die zunehmende Automation in der Wirtschaft und die Globalisierung von Kapital und Produktion. Die auf den Erfahrungen aus der ersten industriellen Revolution Ende des 19. Jahrhunderts gründenden sozialen Sicherungssysteme funktionieren kaum mehr und werden durch den „liberalen Kapitalismus" noch weiter ausgehöhlt. Immer mehr Menschen verlieren ihre existenzsichernde und sinnstiftende Erwerbsarbeit. Diese Entwicklung, die sich schon Mitte der 70er Jahre des letzten Jahrhunderts ankündigte, macht den verantwortlichen Politikern und Wissenschaftlern allmählich große Sorgen um den sozialen Frieden in der Zukunft, nicht nur in Deutschland.

Was also bewegt so viele Menschen, sich für ein „Bedingungsloses Grundeinkommen" (international: unconditional basic income) einzusetzen – oder es ebenso vehement abzulehnen? Es ist in erster Linie die Unsicherheit, was eigentlich das Wort Grundeinkommen oder gar Bedingungsloses Grundeinkommen (BGE) bedeutet. Nicht nur, dass darunter Unterschiedliches verstanden wird. Viele Menschen, die es verwenden wissen sogar, wenn man sie danach fragt, selbst nicht genau, was sie damit meinen.

Die Würde des Menschen ist nur dann gewährleistet, wenn jeder genug Nahrung hat um nicht zu verhungern, genug Kleidung um nicht zu erfrieren und ein Dach über dem Kopf, um nicht im Regen stehen zu müssen. Man fasst den dafür erforderlichen Geldbetrag unter dem Begriff „Existenzminimum" zusammen, er ist zum Überleben absolut notwendig (unter „kulturellem Existenzminimum" wird dagegen viel mehr verstanden).

Während in Sachen Menschenwürde zumal im westlich orientierten Kulturkreis weitgehend Einigkeit besteht, gehen bei der Frage, ob und inwieweit sie durch Geld bewahrt werden kann, die Vorstellungen weit auseinander. Ziemlich einig ist man sich jedoch in der Forderung, dass der Betrag eines staatlich garantierten BGE in dem jeweiligen Land für alle gleich sein soll. Viele Befürworter eines BGE schlagen das Existenzminimum als Richtwert vor, ohne sich mangels genauer Definition des Begriffs Existenzminimum für den Geldbetrag festlegen zu wollen. Erst wenn darin Einigkeit besteht, darf auch der Frage nach den Auswirkungen eines solchen BGE auf die Gesellschaft im Allgemeinen und die Wirtschaft im Besonderen nachgegangen werden.

Was mit der minimalen Absicherung der Existenz gemeint ist, mag die Erinnerung an die sozialen Verhältnisse in Deutschland am Ende des 2. Weltkriegs und in den Jahren danach beleuchten: Zuerst die Wohnungsnot infolge der Zerstörung vieler Städte durch Bomben, dann der Mangel an Geld und Lebensmittel und schließlich noch die (notdürftige) Unterbringung von 10 Millionen Flüchtlingen und Vertriebenen aus dem Osten Europas. Abgesehen von der schier unvorstellbaren Leistung und Hilfsbereitschaft der Bevölkerung erforderten die Engpässe bei Nahrungsmitteln und Wohnraum für alle, Einheimische und Zugezogene, eine bis dahin nicht gekannte organisatorische Leistung der zuständigen Behörden. In die noch vorhandenen Häuser und Wohnungen mussten zusätzlich, auch unter beengenden Verhältnissen, die neuen, heimatlos gewordenen Menschen untergebracht werden. Der Not an Lebensmitteln wurde begegnet durch Rationierung und Ausgabe von Lebensmittelmarken. Letztere, an alle gleich viel, sicherten den Menschen die zum Leben notwendige Nahrung, wenn auch auf niedrigem Niveau. Denn das Geld (Reichsmark) hatte bis zum Tag der Währungsreform (Deutsche Mark, ab Juni 1948) keinen realen Wert mehr.

An diese Zeit sei erinnert, wenn darüber diskutiert wird, ob das „Existenzminimum" als Grundeinkommen zu wenig ist. Es soll doch die Existenz sichern, wie damals die Lebensmittelmarken und die oft viel zu engen Wohnungen. So wäre genug erreicht durch Einführung eines bedingungslosen (!) Grundeinkommens in Höhe des heute als Existenzniveau anerkannten Geldbetrags. Eine darüber hinaus geforderte gesellschaftliche und / oder kulturelle Teilhabe ist als Geldbetrag ohnehin nicht definierbar. Die Menschen in Deutschland mussten in jener Zeit nicht arbeiten d.h. nicht erwerbstätig sein, um die Lebensmittelmarken und ein Dach über dem Kopf zu erhalten. Die standen ihnen als Bürger einfach vom Gesetz zu. Das war „Recht auf Leben". So sollte nun auch das Grundeinkommen gesehen werden, nicht mehr – aber auch nicht weniger.

Untrennbar mit der Forderung nach einem bedingungslosen Grundeinkommen ist die Frage nach dessen Finanzierung und Finanzierbarkeit verbunden. Da das dafür erforderliche Geld nicht vom Himmel fällt, muss es in irgend einer Weise (vielleicht nach Art einer Steuer) von den Menschen in dem betreffenden Land genommen werden. Das gilt selbst dann, wenn man es als „Wertschöpfungsabgabe" (siehe Freiheit statt Vollbeschäftigung) bezeichnet oder die Menschen mit einer entsprechend hohen Verbrauchs- oder Mehrwertsteuer belasten will (siehe Unternimm die Zukunft, Goetz Werner 2007). Und: ein BGE gleich welcher Höhe gibt es nicht umsonst, auch wenn man meint, man könnte es durch Streichung aller Sozialleistungen (oder genauer: Sozialtransfers) kostenneutral bezahlen.

So greift bei einem BGE alles ineinander: seine Begründung, seine Höhe, seine möglichen Auswirkungen auf die Gesellschaft und seine Finanzierung. Deshalb ist es nicht erstaunlich, dass es bislang zu einem einheitlichen Grundeinkommens-Konzept noch keinen konkreten und realisierbaren Vorschlag gibt. Wir in Ulm entwickelten (gemeinsam mit Ute Fischer, Universität Dortmund) dafür ein auf mathematischer Denkweise basierendes Computer-Programm. Unter Nutzung von umfangreichem Datenmaterial vom Statistischen Bundesamt (oder, allgemein gesprochen, der nationalen Statistikbehörde zur Einkommensverteilung), gibt dieses Rechenprogramm den politischen Entscheidungsträgern die Möglichkeit, die Finanzierbarkeit verschiedener, sinnvoll erscheinender BGE-Beträge mit Hilfe unterschiedlicher Finanzierungsszenarien „durchzuspielen". Als Geldquelle dient in erster Linie eine Sozialabgabe aus allen Bruttoeinkommen neben einer leicht modifizierten Einkommensteuer. Aber auch auf andere Resourcen kann in diesem Rechenprogramm zusätzlich oder anstelle der Einkommensteuer zurückgegriffen werden. Ein Tastendruck am PC zeigt, ob und inwieweit der in die Rechnung eingesetzte BGE-Betrag in Kombination mit der gewählten Finanzierungsart gesellschaftlich verantwortbar und politisch durchsetzbar ist.

Schon 1962 hatte der neoliberale und spätere Nobelpreisträger Milton Friedmann in den USA zur Eindämmung der damaligen sozialen Entwicklung in den USA eine „negative

Einkommensteuer" (NE) vorgeschlagen. Große Feldversuche Ende der 60er Jahre haben dort jedoch gezeigt, dass die NE nicht den erhofften Erfolg brachte. In Deutschland wurde dann Ende 1972 von Engels und Mitschke und vor allem von Mitschke (1985) die Idee von Friedman den deutschen Verhältnissen angepasst und kam schließlich als „Bürgergeld der FDP" in die politische Diskussion.

Ebenfalls auf der Grundlage der NE, aber mit einem andersartigen Denkansatz entwickelten wir an der Universität Ulm ein Sozialmodell (ursprünglich ebenfalls als „Bürgergeld" bezeichnet), das die Schwächen der Negativen Einkommensteuer von Friedman und des Bürgergelds der FDP überwinden sollte. Um Verwechslungen zu vermeiden, wurde dieses Konzept später in „Bedingungsloses Grundeinkommen" (BGE) umbenannt. Als „unconditional basic income" ist es in der internationale Diskussion zu diesem Thema bekannt geworden.

Das öffentliche Interesse am BGE-Konzept erreichte in den letzten Jahren nicht nur in Deutschland ein schon beinahe beängstigendes Ausmaß. Zahllose Denker, viele von ihnen zusammengefasst in den nationalen „Netzwerken Grundeinkommen" in Deutschland, Österreich, der Schweiz und anderen Staaten sowie in der internationalen Vereinigung BIEN (basic income european network, später umbenannt in basic income earth network) erarbeiteten zahlreiche Modellszenarien für ein BGE [1]. Allerdings beschäftigten sich nur wenige von ihnen sich ernsthaft mit der Frage nach der Höhe des monatlich an jeden Bürger auszuzahlenden Betrags und mit der Finanzierung des Ganzen. Von beiden aber hängen die Wirkungen ab, die ein solchen Gesellschaftsmodell in der Bevölkerung und in der Wirtschaft haben würde.

Ausgehend vom „Ulmer Modell eines Bürgergeldes" (Pelzer 1994) wurde von uns ein Finanzierungsmodell erarbeitet und zu Ende gedacht, das eine Reihe von gravierenden Vorteilen im Vergleich zu allen anderen publizierten „Modellen" aufweist. Es sollte möglichst alle vorhersehbaren Auswirkungen auf die Gesellschaft und Wirtschaft berücksichtigen und in einem bezahlbaren Rahmen bleiben. Das erforderte ein politisch neutrales und ideologiefreies Denken, um ein allgemein anwendbares Grundeinkommen zu kreieren. Im Zentrum für Allgemeine Wissenschaftliche Weiterbildung (ZAWiW) der Universität Ulm bemühte sich eine *Arbeitsgruppe Bürgergeld und Grundeinkommen* aus ständig 10 – 15 lebens- und berufserfahrenen Menschen um dieses Ziel. Über das dort erarbeitete Ergebnis wird hier zusammenfassend berichtet.

Das hier entwickelte Transfergrenzen-Modell (TG-Modell) basiert auf der Finanzierung der Grundeinkommen nach Art einer flat tax. Alle Bruttoeinkommen unterhalb der Transfergrenze werden wie die Negative Einkommensteuer (Milton Friedman 1962) mit einem einheitlichen, relativ hohen Sozialabgabesatz belastet, die große Zahl der Einkommen oberhalb der TG mit einem entsprechend geringeren. Die Menschen mit Einkommen unterhalb der TG (Nettoempfänger) haben dann netto mehr, die darüber

---

[1] Eine informative, sachliche Zusammenstellung der wichtigsten, 2008 bekannten BGE-Modelle im deutschsprachigen Raum findet man bei Blaschke (2005) und bei Blaschke (2008): Aktuelle Grundeinkommens-Modelle in Deutschland. Vergleichende Darstellung. Netzwerk Grundeinkommen (Hrsg), Berlin, Oktober 2008

(Nettozahler) etwas weniger Geld zu ihrer eigenen Verfügung. Und weil jeder erwachsene Bürger bzw. Einwohner mit seinem Einkommen (Lohn, Kapitalerträge etc.) zu dieser Sozialabgabe verpflichtet ist, wirkt sich in der Regel eine Erhöhung oder Absenkung des BGE-Betrags direkt auf die Netto-Einkommen aller aus, auch auf die der politischen Entscheidungsträger (Bissels und Pelzer, 1998). Deren Einkommen ist auf diese Weise ebenfalls an die Höhe des BGE gekoppelt. Das wird sie davor bewahren, sich durch entsprechende „Wahlgeschenke" bei den Wählern beliebt zu machen (ein gewollter Rückkopplungseffekt).

Das Verständnis solcher Modellrechnungen setzt beim Leser Grundkenntnisse in Mathematik voraus: die vier Grundrechenarten, einfaches Prozentrechnen und Rechnen in Gleichungen mit Variablen, die durch Buchstaben dargestellt werden (Buchstabenrechnen, „Schularithmetik").

Die hier vorliegende Abhandlung ist nicht in Romanform geschrieben, schon gar nicht als Roman konzipiert. Sie erhebt den Anspruch, eine wissenschaftliche Arbeit mit erklärendem Text zu sein, wobei versucht wurde, diesen so zu gestalten, dass er auch von Laien in diesem Fach verstanden werden kann, sofern das dafür erforderliche Interesse besteht. Der wissenschaftliche Teil ist in der Kategorie „Angewandte Mathematik" anzusiedeln und erhebt den Anspruch, strengen wissenschaftlichen Kriterien zu genügen. Hier ergeht deshalb die Bitte des Autors an alle Leser, ihm eventuell entdeckte Denk-, oder Rechenfehler oder Fehler im Rechenprogramm mitzuteilen und, wenn erforderlich, sie mit ihm sachgerecht zu diskutieren. Es sei aber dabei immer zu bedenken, dass hier eine spezielle Denkweise zur Anwendung kommt, die erfahrungsgemäß vielen fremd ist oder zumindest schwer fällt zu verstehen.

Um diesem Mangel zumindest teilweise zu begegnen, wurden am Ende des vorliegenden Textes Publikationen von drei anderen Autoren im Wortlaut angefügt: Ingmar Kumpmann (2006), Burkhard Müller (2009) und Thomas Straubhaar (2010). Sie alle begründen allgemein verständlich die sozialpolitische Notwendigkeit eines bedingungslosen Grundeinkommens und seiner Finanzierbarkeit. Sie vermeiden dabei, auf die mathematischen Zusammenhänge einzugehen, die dem zugrunde gelegt werden müssen, um das Konzept praxisfähig zu gestalten. Das Studium ihrer Lektüre im Kapitel 16 (Nachwort) sei wärmstens empfohlen.

2. Was wollen wir?

Bei der Durchsicht der zahlreichen Beiträge der letzten Zeit zur Gestaltung und Finanzierung eines BGE fällt es schwer, einen davon herauszugreifen und zu diskutieren. Deshalb sei hier mit einem Subthema begonnen: Welches BGE meinen wir, wenn wir uns über dessen Finanzierung streiten?

Auf die Frage, wie das BGE beschaffen sein soll, bekommt man viele unterschiedliche Antworten. Um nur einige herauszugreifen: ein BGE für alle soll es sein (wer sind „alle"?), es soll für Erwachsene und Kinder gleich hoch sein, es soll existenzsichernd sein, möglichst in Höhe des soziokulturellen Existenzminimums, es soll die Hälfte des Durchschnittseinkommens (sog. Armutsgrenze) betragen u.s.w. Jeder dieser und anderer Vorschläge oder Forderungen muss kritisch nach seiner Finanzierbarkeit, seiner Wirtschafts-Verträglichkeit, sowie nach seinen Auswirkungen auf die Gesellschaft im Ganzen u.s.w. hinterfragt werden. Wir müssen alles dies im Auge haben, wir müssen lernen, „multidimensional" (interdisziplinär und interprofessionell) zu denken. In der Wissenschaft ist das ein Teilgebiet der „Systemtheorie". Dazu kommt, dass alle diese Gesichtspunkte politikorientiert und politikfähig sein müssen, ohne gleich eine erneute soziale Revolution zu provozieren. Wir leben nun einmal in einer kapitalistisch-globalisierten high-tec Welt und können das auch nicht ändern.

Multidimensionales Denken setzt eine „multidimensionale Vorstellungskraft" voraus. In unserem BGE-Modell bedeutet das, gleichzeitig möglichst alle Auswirkungen im Auge zu haben, die bei einer Einführung des BGE eintreten können. Auch wie diese sich gegenseitig beeinflussen würden, muss bedacht werden. Dazu kommt beim BGE, dass dies alles von seiner Höhe abhängt, weshalb der (monatlich) auszuzahlende Betrag nicht nur eine Frage der Finanzierbarkeit des Ganzen sein darf (sie ist schon schwer genug zu beantworten), sondern auch seiner wirtschaftlichen und gesellschaftlichen Verträglichkeit. Die folgende Graphik (Abb. 1, Pelzer 1999) ist ein Versuch, diese gegenseitigen Abhängigkeiten zu visualisieren. Sie zeigt, wie es geradezu verboten ist, nur jeweils einzelne Wirkungen des BGE zu bedenken.

Diese Multidimensionalität eines BGE erfordert ein Konzept, das in punkto BGE-Betrag und seiner Finanzierung flexibel ist. Das hilft den Entscheidungsträgern, in der gegebenen politischen Situation das BGE optimal zu gestalten. Dabei muss man sich immer bewusst sein, dass dieses Optimum nur ein Kompromiss sein kann zwischen den einzelnen Auswirkungen (siehe Diagramm).

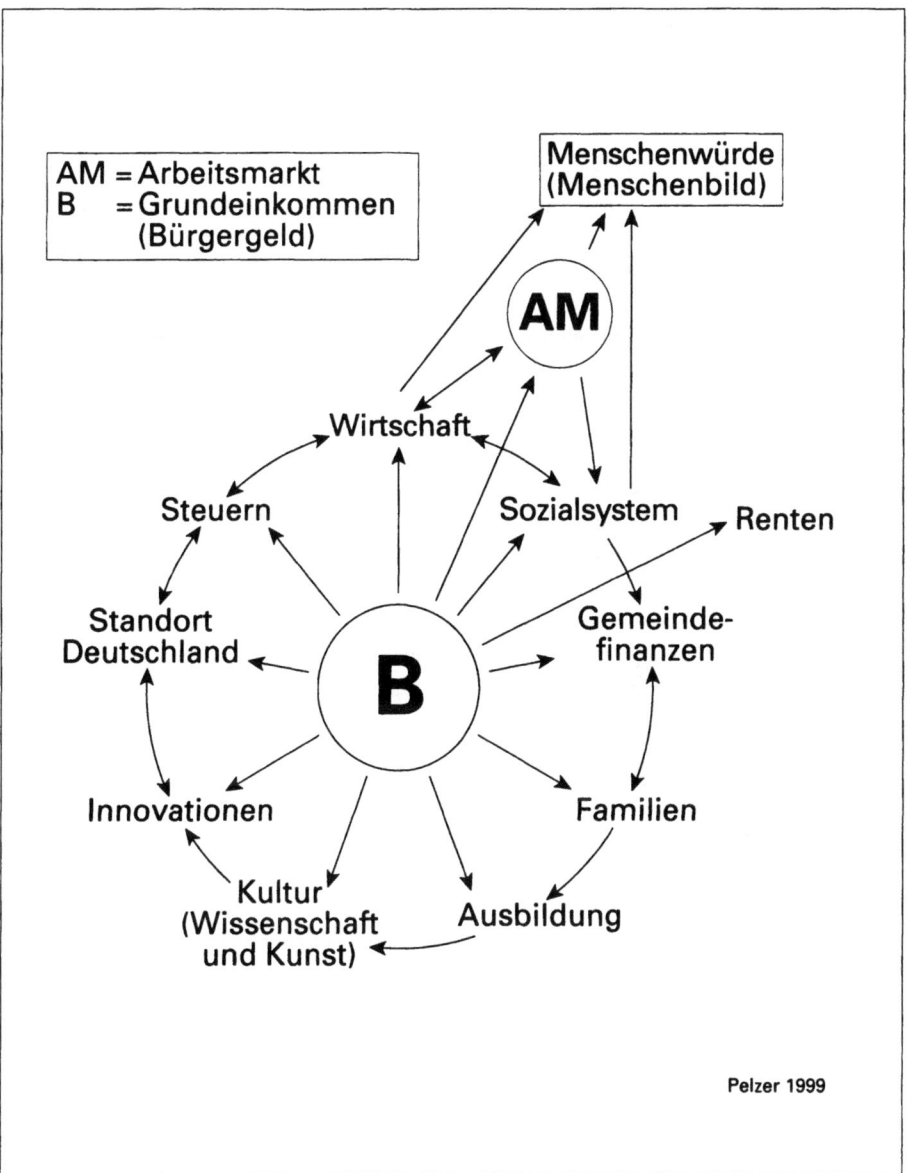

Abb. 1: Auswirkungen eines Bürgergelds / Basiseinkommens auf verschiedene Bereiche von Gesellschaft und Wirtschaft (Pelzer 1999)
Zu beachten sind besonders die quantitativen Zusammenhänge: Grundeinkommen von mtl. 500, 600, 800 oder gar 1000 Euro würden unterschiedliche Wirkungen hervorrufen.

3. Das Bedingungslose Grundeinkommen (BGE): Ein sozioökonomisches Konzept

3.1 Ausgangslage

Schon beim ersten Nachdenken über ein allgemeines Grundeinkommen (damals genannt „Bürgergeld nach dem Ulmer Modell") vor mehr als 30 Jahren haben wir nicht nach dem IST gefragt und nach dem sich daraus ergebenden Einsparpotential des Staates, sondern suchten nach einer allgemein gültigen Formulierung für das BGE, bei der für die Finanzierung der Staat nicht in Anspruch genommen werden muss. Dazu schien eine dauerhafte Umverteilung von reich nach arm am besten geeignet, bezogen auf die Einkommen, nicht auf Eigentum.

Diese neuartige Konzeption erforderte eine veränderte Denkweise im Vergleich zu den anderen BGE-Modellen. Nur die Bruttoeinkommen aller Bürger sollten zur Finanzierung des BGE herangezogen werden (Pelzer 1994). Das erforderte zunächst ein gedankliches Aussteigen aus dem sozialen Rahmen, in dem wir leben, um – davon unbeeinflusst – das Grundprinzip eines BGE zu erarbeiten. Auf diese Weise konnte das ständige WENN und ABER umgangen werden, das jeden Versuch, im Dschungel der Gegebenheiten ein akzeptables BGE-Konzept zu erstellen, begleitet. Das schien um so wichtiger, als von Beginn an ein Konzept angestrebt wurde, das allgemeine Gültigkeit hat, d.h. nicht nur in Deutschland sondern auch in anderen Staaten angewandt werden kann.

Unter solchen Vorgaben schien der beste Weg zum Ziel die Finanzierung des BGE über eine veränderte Einkommensteuer (ESt). Aus Gerechtigkeitsgründen kam dafür nur eine Besteuerung der Bruttoeinkommen, nicht der zu versteuernden Einkommen (zvE) in Frage. Das erfordert zunächst eine Zweiteilung des ESt-Tarifs. Der eine Teil, der aus dem zvE berechnet wird, konnte unverändert bleiben und ist nicht zweckgebunden (alles kommt zuerst in den großen Steuertopf, aus dem es dann verteilt wird). Der andere Teil, der über das Bruttoeinkommen berechnete, ist streng zweckgebunden, er dient ausschließlich der Finanzierung des BGE[2].

Wenn allerdings die zweckungebundene Steuer unverändert bleibt, geht das zu Gunsten des Staates, weil die Sozialausgaben teilweise wegfallen. Dieser Betrag könnte z.B. zur Absenkung des Tarifs der zweckungebundenen ESt verwendet werden, was einer Entlastung der Nettozahler bei der Sozialabgabe für das BGE gleichkäme.

3.2 Das Transfergrenzen-Modell: Unser Konzept eines Grundeinkommens

3.2.1 Theorie und Grundlagen. Das ursprüngliche „Ulmer Modell"

Die kapitalistische Wirtschaftsordnung mit der Automation und der Globalisierung von Produktion, Markt und Kapital droht unseren nunmehr über ein halbes Jahrhundert bewährten Sozialstaat zu überfordern. Eine Neuordnung darf sich jedoch nicht in mehr

---

[2] Da es aber nach deutschem Recht keine zweckgebundene Steuer geben darf, nennen wir sie Sozialabgabe, früher auch Solidarbeitrag.

oder weniger aufwendigen Reparaturen des bestehenden Systems erschöpfen, wie es z.Z. allenthalben zu beobachten ist. Eine derart große Reform wie das BGE muss in die Zukunft gedacht und in sich flexibel sein. Sie muss jederzeit auch an unvorhergesehene Veränderungen in Wirtschaft und Gesellschaft angepasst werden können.

Um diesen Anforderungen zu genügen, haben wir für die Entwicklung unseres Grundeinkommen-Konzepts eine mathematische Vorgehensweise gewählt. Sie zwingt zum exakten, logischen Denken und hat den Vorteil, dass jeder Schritt, jede Behauptung und jede Folgerung daraus jederzeit von anderen auf Richtigkeit überprüft werden kann.

Welche Folgen eine solche Vorgehensweise haben kann, mussten wir schon nach der ersten Veröffentlichung dieser Gedanken erfahren (Pelzer 1994). Dort wurde als Grundlage aller weiteren Arbeiten zum Thema Grundeinkommen gezeigt, was dabei nach den Regeln der Betriebswirtschaftslehre strikt zu beachten ist: Der SALDO von Ausgaben und Einnahmen muss stimmen, der Staat (die Gesellschaft) darf für die Bezahlung des Grundeinkommens an jeden Bürger nicht mehr einplanen als er dafür über Steuern und Abgaben einnehmen kann. Und wir machten zum Prinzip, dass dieses Grundeinkommen für alle nur aus der Summe aller Einkommen finanziert werden soll. Diese Summe wird in der Fachliteratur logischerweise als „Volkseinkommen" verstanden (Gabler 1997).

Theorie

Hier wird aufgezeigt, wie sich mit diesem Konzept (Modell) die Höhe des BGE und seine Finanzierung gegeneinander aufrechnen lassen. Die Kenntnis dieses Abschnitts ist jedoch für das Verständnis der anderen Kapitel nicht unbedingt erforderlich.

Das ursprüngliche „Ulmer Modell"

Seit dem ursprünglichen Ulmer Modell (Pelzer 1994) gilt bei uns die Idee, dass ein Grundeinkommen allein aus der Summe aller Bruttoeinkommen finanziert werden sollte, d. h. aus den Erwerbseinkommen und den Vermögenserträgen wie Zinsen, Beteiligungsgewinnen, Mieteinnahmen etc. Sie alle sind den Finanzämtern aus den Steuererklärungen bekannt und somit dort leicht zu erfassen. Es geht um ein sich selbst finanzierendes BGE. Wir lehnen grundsätzlich ab, das zur BGE-Finanzierung notwendige Geld einfach „vom Staat" zu fordern oder an eine wie auch immer definierte „Wertschöpfungsabgabe" der Wirtschaft zu denken. Die Beschränkung auf die Summe der persönlichen Bruttoeinkommen zur Vorausberechnung der Finanzierbarkeit eines bestimmten BGE-Betrags (Euro / Monat) erschien uns allerdings für fundierte Vorausberechnungen zu unsicher. Deshalb haben wir später in unsere Überlegungen die Möglichkeit eingebaut, im Bedarfsfall noch „andere Geldquellen" zu nutzen (siehe Abschnitt 3.3.4). Hier könnten z.B. die wegfallenden Kosten von HARTZ IV (etliche Milliarden / Jahr!) verrechnet und auch an eine erhöhte Mehrwertsteuer gedacht werden. Das gibt dem Ganzen eine erhöhte Flexibilität für die politische Gestaltung (Pelzer u. Scharl 2005).

Beim „Ulmer Modell" mit all seinen Erweiterungen erfolgte der offenbar für viele schwer verständliche Schritt vom Rechnen mit Zahlen zum Rechnen mit Buchstaben. Auch beim Rechnen mit Buchstaben gilt das Gesetz, dass in der Gleichung auf beiden Seiten des = Zeichens Gleichwertiges stehen muss (eine logische Selbstverständlichkeit). Jeder Buchstabe steht als „Parameter" für eine Komponente in der Rechnung, in unserem Beispiel B für Bürgergeld oder Bedingungsloses Grundeinkommen (BGE) pro Person, V für Volkseinkommen und N für die Bevölkerungszahl. F war in der Arbeit von 1994 ein Faktor („Finanzierungsfaktor"), welcher Anteil von jedem Bruttoeinkommen zur Bezahlung von B an jeden Bürger / Einwohner einbehalten werden müsste. Gefragt war nach F, dem Ergebnis dieser Rechnung:

$$N \cdot B = V \cdot F \qquad F = N \cdot B / V \qquad (1a)$$

Ist beispielsweise F = 0,4, dann sind dies 40 %, bei F = 0,25 sind es 25 % von jedem Bruttoeinkommen[3], u.s.w. Für das Jahr 1993 konnten wir für N = 80 Mio. einsetzen, für V = 3100 Mrd. DM (Daten vom Statistischen Bundesamt). Es handelte sich bei N und V um feste, für uns nicht variable Parameter.

Setzen wir für B = 1000 DM mtl. (12000 DM jährlich) ein, lautete die Rechnung für das Jahr 1993

F = 80 Mio. · 12000 / 3100 Mrd. = 0,31 = 31 % von 3100 Mrd.

Das ist gleichbedeutend mit 31 % von jedem persönlichen Einkommen.

Sollten die 16 Mio. Kinder und Jugendlichen bis 18 Jahre nur die Hälfte, also 500 DM mtl. erhalten, dann war es, als würden statt 80 Mio. nur 80 − 16/2 = 72 Mio. erwachsene Personen in die Rechnung eingehen. Diese lautete dann

F = 72 Mio. · 12000 / 3100 Mrd. = 0,279 = 27,9 % von 3100 Mrd.

V ist insofern ebenfalls ein variabler Parameter, als das Volkseinkommen von Jahr zu Jahr schwankt (meist steigt es durch Wirtschaftswachstum). Hätte es beispielsweise ein Jahr später 3300 Mrd. DM (+ 6,5 %) betragen, so wären zur Finanzierung desselben BGE

F = 72 Mio. · 12000 / 3300 Mrd. = 0,262 = 26,2 %

eines jeden Bruttoeinkommens erforderlich gewesen. Für das Jahr 2003, nach der Umstellung von DM auf Euro, waren diese variablen Parameter weiter verändert. Laut Statistischem Bundesamt hatte Deutschland damals 82 Mio. Einwohner, davon 16 Mio. Kinder unter 18 Jahren, das Volkseinkommen lag bei 1600 Mrd. Euro. Für ein Grundeinkommen von 600 Euro mtl. an Erwachsene (Grundfreibetrag in der Einkommensteuer), für Kinder 300 Euro, lautete die Rechnung

F = 74 Mio. · 7200 / 1600 Mrd. = 0,333 = 33,3 % von 1600 Mrd.

Für ein BGE von 500 Euro mtl. nur an Erwachsene (B als variabler Parameter) hätte die Rechnung gelautet

---

[3] In Prozent ausgedrückt, war F eine Art *flat tax*, da es über den gesamten Einkommensbereich konstant ist (vergl. Althaus 2007)

F = 66 Mio. · 6000 / 1600 Mrd. = 0,247 = 24,7 % von 1600 Mrd.

Man kann bei dieser Art zu rechnen die Gleichung (1a) auch anders formulieren, wenn beispielsweise gefragt wird, wie groß bei V = 1600 Mrd. Euro das BGE nur für die 66 Mio Erwachsenen wäre, wenn wir den Abgabesatz auf 20 % senken. Dann lautet die Gleichung (1b)

B = V · F / N = 1600 · 0,2 / 66 Mio. = 485 Euro mtl. (1b)

Solche Gleichungen mit Buchstaben, von denen einer oder mehrere als variable Parameter fungieren, nennt man in der Wissenschaft Algorithmen, Einzahl Algorithmus (siehe Algebra). Algorithmen zeichnen sich gegenüber Gleichungen mit Zahlen durch ihre Allgemeingültigkeit aus. In unserem Fall heißt das, die Gleichungen 1a und 1b haben nicht nur in Deutschland Gültigkeit, sondern können in jedem anderen Land, z.B. einem der EU angewandt werden. Lediglich für N und V müssen die dortigen Zahlen eingesetzt werden, und man kann genau so rechnen, wie oben für Deutschland gezeigt.

Die Algorithmen 1a und 1b beinhalten einen für ungeübte Leser oft nicht erkennbaren aber von uns gewollten Nebeneffekt, den wir als Rückkopplung bezeichnen. Sie dürfte für die politische Praxis bei der Einführung eines BGE-Systems von einiger Bedeutung sein (Pelzer 1994): Da die beiden Parameter B (BGE) und F (Abgabesatz vom Bruttoeinkommen aller) über das = Zeichen mathematisch aneinander gekoppelt sind, wirkt jede Veränderung eines dieser beiden Parameter direkt auf den anderen zurück. Eine Erhöhung von B führt automatisch zu einem entsprechenden Anstieg von F. Da sich dieser im ursprünglichen „Ulmer Modell" auf alle Bürger gleichmäßig verteilt, sind auch diejenigen davon betroffen, die eine Erhöhung des BGE beschließen, also die politischen Entscheidungsträger. Sie werden sich daher genau überlegen, ob sie einem solchen „Geschenk" an die (Wahl)Bürger zustimmen sollen.

Dieser Rückkopplungsmechanismus ist ebenso in den unten beschriebenen Gleichungen (Algorithmen) 3, 7 und 8 für das TG-Modell enthalten, wegen des Parameters A (andere Geldquellen) jedoch in etwas abgeschwächter Form.

3. 2. 2 Die Transfergrenze

In unserem Transfergrenzen-Modell ist, wie der Name schon sagt, die Transfergrenze von zentraler Bedeutung. Die Vorstellung nämlich, es könnte ein Grundeinkommen geben gleich welcher Höhe, das alle (Bürger) ohne Gegenleistung erhalten, vom Sozialhilfe- (Hartz IV-) Empfänger bis hin zum Einkommensmillionär, ist absurd. Das wäre ein staatlich finanzierter Einkommenszuschuss für jede(n) zu exorbitanten Kosten: Wenn nur Erwachsene ab dem 18. Lebensjahr BGE-Empfänger wären und das BGE „nur" 500 € mtl. beträgt, dann ergibt die Rechnung für die Bundesrepublik (2003) 66 Mio. · 6000 € jährlich = 396 Mrd. €, bei 700 € mtl. wären es 554 Mrd., bei 800 € sogar 634 Mrd. €. Die Einnahmen des Staates aus der Einkommensteuer betrugen im Jahr 2004 dagegen nur etwa 160 Mrd. €. Rechnet man, was vielfach gefordert wird, die 16 Mio. Kinder und Jugendliche unter 18 Jahren auch noch dazu, gesteht ihnen aber nur die Hälfte der

Erwachsenen zu (siehe 3.2.1), dann ergibt die Kostenrechnung für diese BGE-Beträge 444 Mrd., 622 Mrd. bzw. 710 Mrd. €. Es wird argumentiert, dass dafür alle (?) Sozialausgaben (Sozialtransfers) wegfallen würden, die z.Z. in ihrer Summe angeblich 720 Mrd. € ergeben (Dieter Althaus 2007). Diese Rechnung ist unseriös, weil nur ein Teil dieser Transfers aus Steuern, der andere aus Pflichtbeiträgen zu Renten- und Krankenkassen finanziert wird. Und sie alle in ein einheitliches BGE, gleich welcher Höhe, umzuwidmen, ist aus vielerlei Gründen gar nicht möglich. Darauf wird hier nicht eigens eingegangen.

Die von uns favorisierte Finanzierung des BGE ist die aus den Bruttoeinkommen (Y) aller BGE-Empfangsberechtigten (Bürger? Wer sind „alle"?). Im ursprünglichen Ulmer Modell sollten sie dafür mit dem gleichen Prozentsatz ihres Bruttoeinkommens belastet werden (siehe 3. 1.). Da stellte sich die Frage, bis zu welchem Einkommen (Lohn, Gehalt, Vermögenserträge) wäre diese „Sozialabgabe" kleiner als das im Gegenzug gezahlte BGE, von wo an ist sie größer[4]? Dort durchläuft der Geldtransfer einen Grenzbetrag von positiv nach negativ, die „Transfergrenze" (TG, Yt). Bei einem BGE von 600 € mtl. und einer Sozialabgabe von 33,3 % liegt die Transfergrenze bei 1800 €. Beträgt die Sozialabgabe S I jedoch 50 %, dann liegt sie in diesem Beispiel bei 1200 Euro mtl.

Diese mit dem ursprünglichen „Ulmer Modell" angestellten Rechnungen waren theoretisch interessant, für die Praxis jedoch zunächst ohne Bedeutung. Denn welche Gutverdienenden hätten je derartig hohen Abgabesätzen auf ihr Bruttoeinkommen zugestimmt, auch wenn sie selbst daraus 600 € bzw. 800 € pro Person als BGE zurück erhalten? Beispiel: ein Ehepaar mit zusammen 500 000 € Jahresbrutto hätte davon 170 000 € (33,3 %) zahlen müssen, aber als BGE nur 7 200 · 2 = 14 400 € bzw. 9600 · 2 = 19 200 € als BGE zurück bekommen. Bei 100 000 € wären es noch 33 300 € gewesen. Das Ziel unserer Überlegungen war daher, durch einen degressiven Abgabesatz ab der TG die hohen Einkommen zu entlasten (Pelzer 1999), durchaus zum Nachteil der Einkommen unterhalb der TG. So rückte die Transfergrenze in den Mittelpunkt des Interesses und wurde zum Zentrum aller weiteren Überlegungen (Pelzer 2003). Die Unterteilung der BGE-Bezieher in Nettoempfänger (Bruttoeinkommen kleiner als die TG) und Nettozahler (Bruttoeinkommen größer als die TG) brachte dem Ganzen dann eine hohe Flexibilität für Berechnungen mit unterschiedlichen BGE-Beträgen und unterschiedlichen Sozialabgaben. Beides waren nun „variable Parameter" (Pelzer und Fischer 2004 a), zu denen später noch ein weiterer Parameter (A) hinzu kam, genannt „andere Geldquellen" (Pelzer u. Scharl 2005). Das „Transfergrenzen-Modell" war als Weiterentwicklung des „Ulmer Modells" entstanden. Einige Beispiele mit verschiedenen Parametern zeigt Tabelle 1.

---

[4] Hier ist es notwendig, zwischen Geld<u>betrag</u> (BGE) und Prozent<u>satz</u> (Sozialabgabe) zu unterscheiden. Der konstante Prozentsatz muss in Betrag (€) umgerechnet werden, der proportional mit dem Einkommen ansteigt.

BGE (€ mtl.)	SI (% vom Brutto)	TG (€ mtl.)	A (Mrd. € jährl.)	S II (% vom Brutto)
345	50	690	0	0,26
	45	767	0	0,39
	40	863	0	0,57
400	50	800	0	0,52
	45	889	0	0,73
	40	1000	0	0,57
500	50	1000	0	1,34
	45	1111	0	1,85
	40	1250	0	2,58
345	50	690	3,99	0
	45	767	5,82	0
	40	863	8,5	0
400	50	800	7,83	0
	45	889	10,79	0
	40	1000	15,47	0
500	50	1000	19,3	0
	45	1111	25,7	0
	40	1250	34,8	0

Tab. 1: Einige Rechenbeispiele mit verschiedenen Parameter-Kombinationen, BGE (nur für Erwachsene) unterhalb des steuerlichen Existenzminimums (statistische Daten von 2003) bei unterschiedlich hohen „anderen Geldquellen" (A)

3. 2. 3 Finanzierung des BGE aus der Summe der persönlichen Bruttoeinkommen

Die Finanzierung des BGE nach dem TG-Modell hätte eine Reihe von Vorteilen im Vergleich zu allen anderen bisher bekannt gewordenen Finanzierungs-Modellen. Und der ausschließlichen Finanzierung durch Sozialabgaben aus den Bruttoeinkommen, nicht aus den „zu versteuernden Einkommen", könnte sich (ähnlich wie bei den Beiträgen zu den gesetzlichen Renten- und Krankenkassen) niemand mit Hilfe von „Steuerbefreiungstatbeständen" entziehen.

Ein Problem für das Verständnis dieser Rechnungen sind für viele die Angaben in Prozentwerten. Die Höhe der Abgaben in EURO richtet sich nach der absoluten Höhe des jeweiligen Bruttoeinkommens. Bei gleichem Prozentwert (proportionaler Verlauf) können sich die Beträge in EURO gewaltig unterscheiden, die Bürger mit den höchsten Bruttoeinkommen werden dementsprechend auch mit den höchsten Abgaben belastet.

Die in unseren Arbeiten zum Transfergrenzenmodell verwendeten Daten vom Statistischen Bundesamt beziehen sich auf die Verteilung der Bruttoeinkommen 2003 in Deutschland. Sie wird alle 5 Jahre bundesweit erhoben. Daten zur Netto-Verteilung sind von dort nicht oder nur zu hohen Kosten zu bekommen. Eine weitere Einschränkung unserer Berechnungsmöglichkeiten besteht darin, dass es sich bei den Daten vom StBA nicht um Einkommen von Einzelpersonen, sondern um die Einkommen der privaten Haushalte handelt mit Angaben der jeweiligen Haushaltsgröße, unterteilt in Zahl der Erwachsenen und der Kinder unter 18 Jahren. Einkommen für die Kinder wurden nicht eigens ausgewiesen. Wir machten die Annahme 150 Euro / Kind mtl. (Kindergeld und Kinderfreibeträge in der Einkommensteuer) und zogen jeweils die Summe Kindergeld pro Haushalt vom aufgeführten Haushaltseinkommen ab. Das Ergebnis wurde durch die Zahl der Erwachsenen dividiert und dann diese Einkommen in Einkommensstufen zu 200 Euro mit steigenden Werten aufgelistet, was auch die jeweilige Zahl Erwachsener pro Einkommensstufe ergab. Diese Daten dienten nun im Datenteil des Computers zur Berechnung der Größen V, Ve, Vz, N, Ne und Nz und schließlich S II unter Verwendung der Parameter S I, B, K und A.

Aus dieser Beschreibung der Datenerhebung dürfte klar ersichtlich sein, dass eine Berechnung der Kosten des BGE-Konzepts nach dem TG-Modell auf der Grundlage der individuellen Einkommen z.B. von Ehepartnern nicht möglich ist. Die Individualisierung des an die einzelnen (erwachsenen) Personen auszuzahlenden BGE verbietet sich, da die individuellen Einkommen von Ehepaaren bie den Finanzämtern und dem StBA zumindest zum Teil nicht geführt werden.

In dem hier vorgestellten Rechenmodell zur Finanzierung eines BGE sind alle Angaben zu Einkommens-Beträgen als Brutto zu verstehen. Das staatliche Kindergeld und die Kinderfreibeträge in der Einkommensteuer wurden vom StBA hier zum Bruttoeinkommen der Eltern dazu gezählt und mussten vor Beginn der Rechnungen von den zugrunde gelegten Zahlen der Einkommenstatistik abgezogen werden. Die Verwendung der Bruttoeinkommen bei der Modellentwicklung war aus mehreren Gründen unumgänglich:

Es gibt keine verlässliche Statistik zur Netto-Einkommensverteilung in Deutschland. Sie zu erstellen wäre ein in diesem Zusammenhang nicht zu vertretender Aufwand. Die Bruttoeinkommen dagegen liegen den Finanzämtern aus den jährlichen Erhebungen vor, u.z. für jede/n Bürger/in „von der Geburt bis zum Tod". Durch die „Steueridentifikationsnummer" sind diese Daten total anonymisiert und vollständig, zwei Voraussetzungen für die Verwendung zu Berechnungen beim BGE.

1. In unserem Modell wird das BGE in erster Linie durch ein Umlageverfahren finanziert, so wie die gesetzlichen Sozialversicherungen. Auch dort werden die (Pflicht-)Beiträge aus dem Bruttoeinkommen / Bruttolohn berechnet, ohne die diversen Steuerbefreiungstatbestände zu berücksichtigen. Diese spielen besonders bei höheren und hohen Einkommen, die nicht sozialversicherungspflichtig sind, eine wichtige Rolle. Ihnen sollte im BGE-System nicht die Möglichkeit gegeben werden, sich nach Gutdünken der Sozialabgabepflicht (S II) ganz oder teilweise zu entziehen.

2. Aus denselben Gründen ist die Sozialabgabepflicht (S I und S II) nicht nur auf Arbeitseinkommen (Lohn, Gehalt) zu beziehen, sondern ebenso auf die Bruttoerträge aus Vermögen vor Abzug der Einkommensteuer.

Da die Sozialabgaben S I und S II aus den Bruttoeinkommen errechnet und von dort abgezogen werden müssen, sind sie voll der Einkommensteuer hinzu zu rechnen. Ist beispielsweise der Abgabesatz S II auf 5 % festgesetzt, ergibt sich daraus für alle Nettoeinkommen oberhalb der Transfergrenze ein zusätzliches Minus von 5 %, das nur (falls erforderlich) durch andere Geldquellen ganz oder teilweise ausgeglichen werden kann (z.b. Buchstabe A in der Rechnung).

3. 2. 4 Das Transfergrenzen-Modell (TG-Modell) im Detail

Die Transfergrenze (TG, Yt) ergibt sich wie folgt aus der Höhe des monatlich an jede(n) Erwachsene(n) zu zahlenden BGE (B) und der „Sozialabgabe" S I (in % des Zuverdienstes bzw. des persönlichen Einkommens Y unterhalb der TG):

$$TG = Yt = B \cdot 100 / S\,I \qquad (2a)$$

An der TG ist $\quad B - Y \cdot S\,I / 100 = 0 \qquad (2b)$

B und S I sind **variable Größen (Parameter)**, die vom Gesetzgeber festgelegt werden.

Bei einer vorgegebenen Einkommensverteilung wie z.B. vom StBA ermittelt, ist die von den Nettozahlern oberhalb der Transfergrenze aufzubringende „Sozialabgabe" S II (in % der Bruttoeinkommen) eine Funktion von B, S I und A:

$$Ne \cdot B = Ve \cdot S\,I /100 + Vz \cdot S\,II /100 + A / 12$$

daraus folgt $\quad S\,II = (Ne \cdot B - Ve \cdot S\,I /100 - A /12) \cdot 100 / Vz \qquad (3)$

Das heißt, der Sozialabgabesatz S II für die Nettozahler wird durch A verringert. **A** ist in diesem Rechenmodell neben B und S I der **dritte variable Parameter**. Einige Beispiele verschiedener Kombinationen der drei Parameter zeigen die folgenden Tabellen 2a und 2b mit den Daten von 1998 (Pelzer u. Fischer 2004 a) und 2003 (Fischer et al. 2006).

Um mit den hier aufgezeigten mathematischen Gleichungen (Algorithmen) rechnen zu können, bedarf es einer genügend großen Zahl von Daten über die Einkommensverteilung. Sie können von der zuständigen Behörde (in Deutschland das Statistische Bundesamt) angefordert werden. Als Computerprogramm hat sich das in WINDOWS von Microsoft enthaltene *Excel* bewährt. Wie in unserem speziellen Fall im Excel die vielen hundert Daten aufgearbeitet und anschließend mit den mathematischen Gleichungen ausgewertet wurden, ist im Anhang zu dieser Arbeit genau beschrieben, so dass es an jedem Heimcomputer (PC) nachvollzogen werden kann. Außerdem steht das eigentliche Rechenprogramm im Internet zum Herunterladen (down load) zur Verfügung (Pelzer u. Scharl 2005).

BGE mtl. (DM)	Sozialabgabe S I in %	A jährlich (Mrd. DM)	Sozialabgabe S II in %
800	50	22,86	0
800	50	0	0,86
800	50	11,00	0,45
1000	30	17,20	8,68
1000	40	17,20	3,51
1000	50	17,20	1,50
1000	50	0	2,19
1200	30	27,70	17,48
1200	40	16,90	7,85
1200	50	10,45	4,08
1200	50	0	4,54
1200	50	5,00	4,32

Tab. 2a: Einige Rechenbeispiele zum TG-Modell mit verschiedenen Parameter-Kombinationen (Grundlage: statistische Daten von 1998)
Fettdruck: Grundfreibetrag in der Einkommensteuer 1998, "steuerliches Existenzminimum" (SEM)

BGE mtl. (Euro)	Sozialabgabe S I in %	A jährlich (Mrd. Euro)	Sozialabgabe S II in %
500,00	50	19,3	0
500,00	50	0	1,34
500,00	50	15,0	0,30
602,92	50	0	2,83
602,92	40	0	5,46
602,92	40	65,0	0
602,92	50	38,5	0
700,00	50	0	5,11
700,00	50	64,1	0
700,00	40	0	9,50
700,00	60	0	3,01
1.000	50	0	19,56
1.000	50	185,0	0
1.000	60	0	38.60

Tab. 2b wie Tab. 2a, Grundlage: statistische Daten von 2003

3.2.5 Der Übergang vom Nettoempfänger zum Nettozahler an der Transfergrenze

Gemäß Gleichung (3) in Abschnitt 3.2.4 bringt der Übergang der Einkommen an der Transfergrenze vom Bereich < TG nach > TG eine Schwierigkeit, die nicht ignoriert werden darf. Wie oben dargelegt (Gl. 2a und 2b), ist an der TG der SALDO aus B minus Sozialabgabe S I gleich Null. Schon bei 1 € darüber aber beginnt S II, ausgedrückt in % vom Bruttoeinkommen. In dem Beispiel B = 603 €, S I = 50 % und A = 0 (Tab. 2b) wären das bereits 2,83 % von 1206, das sind 34 €. Damit würde das Einkommen wieder unter die TG sinken, was natürlich nicht sein darf. Solche Tarifstufen sind auch im Einkommensteuertarif nicht erlaubt (Lietmeyer 1984). Eine Möglichkeit, das zu verhindern, besteht in einem allmählichen Anstieg des Abgabesatzes S II von Null bei der TG bis zur errechneten Höhe von S II (siehe Abb. 2). Mathematisch ausgedrückt lautet die entsprechende Formel für jedes Y oberhalb der TG

$$S\ IIs = (Y - Yt) / (Y_1 - Yt) \cdot S\ II \tag{4}$$

S IIs steht für die prozentuale Sozialabgabe in ihrem aufsteigenden Ast, Y für das monatliche Bruttoeinkommen, Y_1 für das Einkommen, bei dem die errechnete S II erreicht sein soll und Yt für das Einkommen an der TG. In Anlehnung an den Sprachgebrauch bei der Einkommensteuer kann man auch beim BGE ab der Transfergrenze (Yt) von einem „progressiven" Teil (Yt bis Y_1) und ab Y_1 von einem „proportionalen" Teil (Spitzenabgabesatz) sprechen.

Die Größe von S IIs beschreibt, wie steil der Anstieg des Abgabesatzes bis zum Erreichen des Spitzenabgabesatzes (S II) ist. Dabei gilt: Je größer S IIs, d.h. je steiler der Anstieg, desto schneller wird S II erreicht. In der Spanne von Yt bis Y_1 entsteht folglich eine entsprechende Minderung der Einnahmen der BGE-Kasse aus S II im Vergleich zu den vorher vorgestellten Ergebnissen (vergl. Gl. 3). Sie zu berechnen gelingt, wenn man zunächst den Bruttobetrag jeder Einkommensstufe zwischen Yt und Y_1 mit S IIs / 100 und der Zahl der dort aufgelisteten Einkommensempfänger multipliziert und dann die so erhaltenen Ergebnisse summiert. Mit den Einkommensdaten aus dem Jahr 2003 und den Parametern B = 600 € mtl., S I = 50 %, Y1 = 2000 € und A = 0 waren das 5,88 Mrd. € jährlich. Ihre Finanzierung könnte über A erfolgen (andere Geldquellen, z.B. Einsparungen im Sozialetat, erhöhte Mehrwertsteuer, etc.).

Die hier frei wählbare Größe Y1 (variabler Parameter) bestimmt demnach die Steilheit des Anstiegs und damit auch die Kosten dieser allmählichen Anhebung des Abgabesatzes von Null an der TG bis auf S II bei Y1 (Abb. 2).

Eine weitere Möglichkeit zur Finanzierung des Stufenausgleichs besteht in einer allmählichen (progressiven) Erhöhung des S II Spitzensatzes. Daraus folgt dann: je weiter Y1 zu den höheren Einkommen verschoben wird, desto größer muss dieser Spitzensatz angesetzt werden. Der Gesetzgeber würde auf diese Weise in die Lage versetzt, die besonders hohen Einkommen von „Spitzen-Managern" zugunsten einer Verkleinerung der Schere ARM / REICH zu belasten ohne z.B. einer Erhöhung der Umsatz- / Mehrwertsteuer. Die Berechnungen dazu sind nicht schwierig, werden hier aber nicht gezeigt.

Diese Überlegungen sind aktuell, seit in Deutschland über eine Reform zur Verbesserung der Armen-Situation diskutiert wird. Einige politische Gruppen schlagen eine „Reichensteuer" vor, die wohl eine Rückkehr zu einem höheren Spitzensteuersatz in der Einkommensteuer bedeuten würde. Über einen entsprechend ausgestalteten Spitzenabgabesatz S II zur Finanzierung des Grundeinkommens wäre dieses Problem ganz einfach zu lösen – und den betroffenen Menschen, ob „reich" oder „arm" auch leicht verständlich zu machen. Bei einem erhöhten oder ausgeweiteten Spitzensteuersatz in der Einkommensteuer führt das dagegen kaum zum Ziel, da das damit gewonnene Geld in den großen, anonymen Steuertopf fließt, aus dem dann alle möglichen Interessengruppen für die unterschiedlichsten Zwecke bedient werden.

Wie beim Althaus-Modell sollte auch beim TG-Modell an eine zusätzliche Leistung in Form von Beiträgen zur gesetzlichen Krankenversicherung gedacht werden. Sie würden dann direkt von der BGE-Kasse an die Versicherung überwiesen. In unserem Modell würden sie ab der TG wegfallen, so dass für die BGE-Empfänger an der TG wie beim Abgabesatz S II eine Belastungs-Stufe, hier in Höhe von K, entsteht und das Bruttoeinkommen sich ebenfalls in einer Stufe um diesen Betrag vermindert. Um dies zu vermeiden, kann man auch bei K wie oben für S II beschrieben an einen allmählichen Übergang denken. Wie bei S II müsste dann auch für K ein Endwert von Null bei einem Y1 festgelegt werden. Und die Beiträge an die Kassen würden beispielsweise von 200 € mtl. bei der TG (Yt) allmählich bis auf Null beim Einkommen Y1 absinken. Die Rechenformel dafür lautet

$$k = K - (Y - Y_t) / (Y_1 - Y_t) \cdot K \tag{5}$$

Hier steht k als Faktor für die monatlichen Krankenkassenbeiträge im absteigenden Ast von K. Einige so gerechnete Beispiele (ebenfalls für das Jahr 2003) zeigt die Hilfstabelle 2b in Abb. 2. Die dabei entstehenden Kosten für die BGE-Kasse infolge der Zuteilung von k über die TG hinaus sind höher als die für die gleitende Anhebung von S II durch S IIs ab dem Nullwert bei der TG.

Abb. 2 a, Reihe 1, 2, 3 siehe Hilfstabelle 2 a

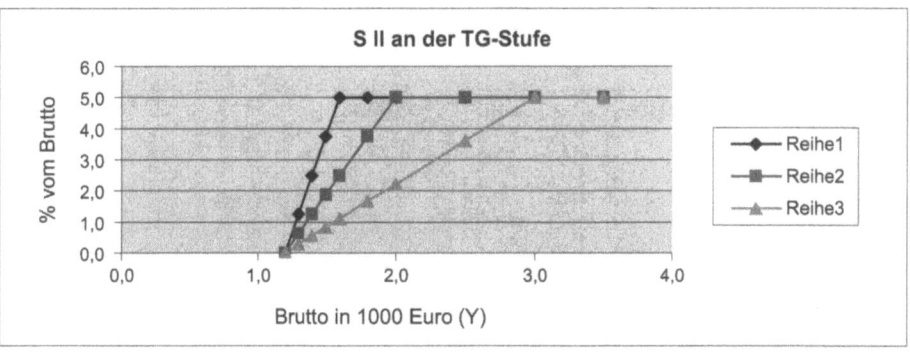

Abb. 2 b, Reihe 1, 2, 3 siehe Hilfstabelle 2 b

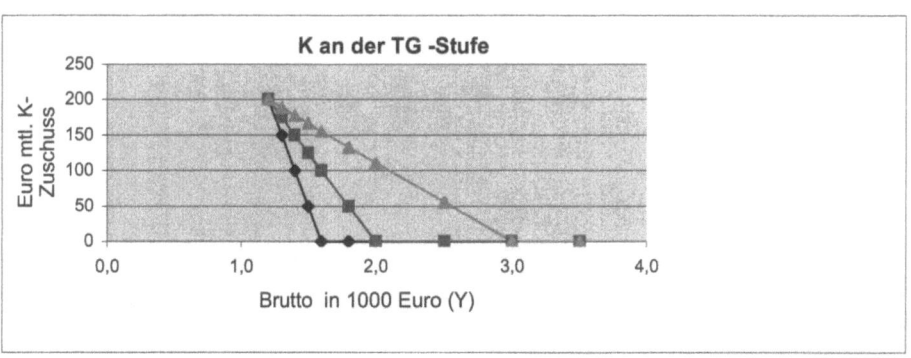

Abb. 2 mit Hilfstabellen: Graphische Darstellung des Verlaufs der steigenden Sozialabgabe S II (Abb. 2 a) und des abnehmenden Krankenkassen-Zuschusses (k) oberhalb der Transfergrenze bei B = 600 Euro und S I = 50 % (Abb. 2 b). Gezeigt sind jeweils drei Beispiele mit den Variablen S II (5 %) und K (200 Euro).

Die Hilfstabellen waren für die graphischen Darstellungen erforderlich. Die Ergebnis-Tabelle präsentiert mehrere Rechenbeispiele mit verschiedenen Variablen (S II, K und Y1) auf der Datenbasis des StBA aus dem Jahr 2003. Zur Aufkommensneutralität müssten die Summen von S IIs und von k durch A (andere Geldquellen) ausgeglichen werden.

Y = persönliches Bruttoeinkommen, Yt = dieses an der TG, Y1 bei Erreichen von S II bzw. von Null. S IIs = Sozialabgabe S II im steigenden Abschnitt, k = Krankenkassen-Zuschuss fallend.

	$S\ IIs = (Y - Yt) / (Y1 - t) \cdot a$ es sei $B = 600$ Euro mtl. $Yt = 1{,}2\ ;\ a = 5\ \%$		
Y1 in tausend =	1,6	2,0	3,0
	Beispiele für die Diagramme		
Y in tausend	Reihe 1 S IIs	Reihe 2 S IIs	Reihe 3 S IIs
1,2	0,0	0,0	0,0
1,3	1,3	0,6	0,3
1,4	2,5	1,3	0,6
1,5	3,8	1,9	0,8
1,6	5,0	2,5	1,1
1,8	5,0	3,8	1,7
2,0	5,0	5,0	2,2
2,5	5,0	5,0	3,6
3,0	5,0	5,0	5,0
3,5	5,0	5,0	5,0

Hilfstabelle zu Abb. 2 a

	$k = K - (Y - Y_t) / (Y_1 - Y_t) \cdot K$		
	Beispiele für die Diagramme		
Y in tausend	Reihe 1 Y1 = 1,6	Reihe 2 Y1 = 2,0	Reihe 3 Y1 = 3,0
1,2	200	200	200,0
1,3	150	175	188,9
1,4	100	150	177,8
1,5	50	125	166,7
1,6	0	100	155,6
1,8	0	50	133,3
2,0	0	0	111,1
2,5	0	0	55,6
3,0	0	0	0,0

Hilfstabelle zu Abb. 2 b

Variante

Wenn B über Yt hinaus bis Y1 in konstanter Höhe beibehalten wird und dabei S I als Prozentsatz von Y konstant bleibt, steigt S IIs (in €) kontinuierlich von Null (bei Yt) bis Y1 an. Die Frage ist dann, wo liegt Y1?

$$Y1 \cdot S I / 100 - B = Y1 \cdot S II / 100$$

$$Y1 \cdot (S I - S II) / 100 = B \qquad Y1 = B \cdot 100 / (S I - S II) \qquad (6)$$

B (Euro mtl.)	S I (% von Y)	TG (Euro)	S II (% von Y)	Y1 (Euro)	Betrag S II bei Y1 in Euro
600	50	1200	2,78	1270,65	35,32
600	40	1500	5,38	1733,10	93,24
600	55	1091	2,07	1133,57	23,46
700	50	1400	5,11	1559,37	79,68
700	45	1556	6,97	1840,65	128,29
800	50	1600	8,48	1926,78	163,39
800	45	1778	11,42	2382,37	272,07

Tab. 3 Einige Beispiel-Rechnungen zur Variante (Daten von 2003)

Eine Berechnung der Kosten dieser Variante steht noch aus. Sie dürften aber gering sein. Der Unterschied dieser Art des Übergangs vom Nettoempfänger zum Nettozahler zur Gl. 4 liegt in der festen Größe Y1, die hier kein vom Gesetzgeber frei wählbarer variabler Parameter ist.

3. 2. 6 Das BGE und die gesetzlichen Sozialkassen

Wenn zur Festlegung der (einheitlichen) Höhe des BGE Betrags das Existenzminimum als Grundlage dient, muss auch gefragt werden, ob die Beiträge zu den gesetzlichen Sozialkassen zum BGE zählen sollen. Sie werden heute für Hilfeempfänger (Hartz-IV, ALG II) von der zuständigen Sozialbehörde bezahlt. In einem BGE-System könnte für die Beiträge zur Rentenversicherung auf diese staatliche Hilfe verzichtet werden, da die Betroffenen dann ohnehin durch das BGE in Höhe des Existenzminimums abgesichert sind. Für die Krankenkassenbeiträge dagegen müsste die BGE-Kasse (wenn nicht der Staat wie heute) aufkommen. Im „Solidarischen Bürgergeld" (SBG) von Dieter Althaus (2007) sind dafür bei einem BGE-Betrag von 600 € mtl. (Existenzminimum?) 200 € mtl. vorgesehen. Die 600 € sollen dem BGE-Empfänger ausgezahlt, die restlichen 200 € könnten direkt an die Krankenkasse überwiesen werden. Althaus rechnet die beiden Beträge aber zusammen und spricht von einem BGE in Höhe von 800 €, also der Summe aus beiden. Daraus ergibt sich jedoch eine Verlagerung der Transfer-Grenze von 1200 € nach 1600 €. Das hat, interpretiert nach unserem Transfergrenzen-Modell, eine deutliche Veränderung der Finanzierbarkeit des Ganzen zur Folge. Denn auf diese Weise werden alle „Nettozahler" mit Einkommen zwischen 1200 und 1600 € zu „Nettoempfängern". Im Jahr 2003 wären dies nach unseren Rechnungen mit den Daten des Statistischen Bundesamtes 12,4 Mio. (erwachsene) Menschen gewesen. Die finanzielle Belastung der verbleibenden Nettozahler wäre von 2,78 % auf 8,48 % ihres Bruttoeinkommens gestiegen.

Unser TG-Modell erlaubt eine Trennung von BGE und Krankenkassenbeiträgen unter Beibehaltung der Transfergrenze für das BGE, in unserem Beispiel TG = 1200 € für 600 € BGE. Dann endet die Finanzierung der Kassenbeiträge durch die BGE-Kasse beim Einkommen an der TG, in unserem Beispiel eben bei 1200 €. Die Belastungsstufe an der TG durch Wegfall von K (200 €) kann mit wenig Geld aus der BGE-Kasse abgefangen werden, ohne dass die oben erwähnten Nettozahler zu Nettoempfängern werden (siehe auch Kapitel 3.2 5). Die Gleichung lautet dann

$$S\;II\;=\;(Ne \cdot B - Ve \cdot S\;I/100 - A/12 + K) \cdot 100/Vz \quad (7a)$$

$$S\;II\;=\;(Ne \cdot (B+K) - Ve \cdot S\;I/100 - A/12) \cdot 100/Vz \quad (7b)$$

K ist im TG-Modell ein variabler Parameter, d.h. es kann hier an Stelle von 200 € mtl. auch jeder andere Betrag eingesetzt werden. Es ist ohnehin schwer zu verstehen, warum bei 600 Euro BGE gerade 200 € mtl. als Krankenkassenbeitrag zu Grunde gelegt werden sollen. Das sind immerhin 25 % der Summe aus 600 € plus 200 €, bzw. 33,3 % von 600 Euro. Da K in unserem Rechenmodell ein variabler Parameter ist, bleibt dem Gesetzgeber somit freigestellt, wie hoch K sein soll. Mit einer Änderung von K ist dann eine entsprechende Änderung der Belastung der Nettozahler durch die Sozialabgabe S II die Folge. Einige Beispiele zeigt Tab. 4a (mit den statistischen Daten von 2003).

B (€)	S I (%)	TG (€)	K (€)	S II (%)
600	50	1200	0	2,78
600	50	1200	100	4,41
600	50	1200	150	5,22
600	50	1200	200	6,03
700	50	1400	100	7,52
700	50	1400	150	8,72
700	50	1400	200	9,93

Tab. 4 a: Einige Beispiele mit K und B als getrennte variable Parameter

Legt man wie bei Althaus BGE und K zusammen (Gl. 7 b), dann ergibt sich durch die Verschiebung der Transfergrenze eine deutlich höhere Belastung der Nettozahler durch S II (Tab. 4 b).

B (€)	S I (%)	K (€)	B + K (€)	TG (€)	S II (%)
600	50	0	600	1200	2,78
600	50	100	700	1400	5,11
600	50	150	750	1500	6,72
600	50	200	800	1600	8,48
700	50	100	800	1600	8,48
700	50	200	900	1800	13,37

Tab. 4 b: Einige Beispiele mit K und B als gemeinsamer variabler Parameter (Althaus-Modell)

Wegen dieser mathematischen Zusammenhänge sollte in der praktischen Durchführung die Transfergrenze auf das tatsächlich ausgezahlte BGE begrenzt und der Krankenkassenbeitrag davon unabhängig von der "BGE-Kasse" an die Krankenkassen überwiesen werden (siehe aber auch Kapital 3.2.5 Belastungsstufe).

3. 2. 7 Splitting

Im deutschen Lohn- und Einkommensteuertarif werden Ehepaare in aller Regel zusammen „veranlagt". Letzteres ist unter dem Fachausdruck „Splitting" bekannt. Dieser Teil der Steuergesetzgebung ist erforderlich, weil bei Ehepaaren die Einkommen aus gemeinsamem Eigentum (Mieten, Zinseinnahmen, Veräußerungsgewinne etc.) steuerlich je zur Hälfte auf die beiden Partner angerechnet werden müssen. Ausnahmen sind möglich aber kompliziert zu berechnen.

Die Einkommensdaten des StBA, auf denen alle unsere Rechnungen für S I und S II beruhen, sind durchweg haushaltsbezogen. Dasselbe gilt folgerichtig für das BGE selbst. Liegen die Einkommen beider Partner unterhalb oder oberhalb der Transfergrenze, spielt es wegen der Konstanz des Abgabesatzes (Proportionalität) keine Rolle: die Einkommen einzeln oder zusammen liefern immer dasselbe Ergebnis. Schwieriger wird die Entscheidung, wenn das eine Einkommen unterhalb, das andere oberhalb der Transfergrenze liegt. Hier kommt nach unseren bisherigen Überlegungen und Rechnungen nur das „Splittingverfahren" in Betracht. Für eine andere Lösung bestünde noch Klärungsbedarf.

Über das Splitting bei der Einkommensteuer wird in der Bevölkerung viel gestritten. Das Wort Splitting bedeutet zwar Spalten, im Steuergesetz versteht man darunter jedoch „Zusammenlegung". Bei Ehepaaren kommt vom Finanzamt immer die Frage, soll einzeln oder zusammen veranlagt werden. Bei Einzelveranlagung wird die Steuer jedes Einzelnen aus dessen Einkommen berechnet, bei Zusammenveranlagung ergibt sie sich aus der Summe der Einkommen, geteilt durch zwei. Dieses „Splitting" wird in erster Linie angewandt, wenn zur Steuerberechnung bei den Einkommen der beiden Partner aus gemeinsamem Vermögen eine Trennung nicht oder nur schwer möglich ist. An diesem Splitting der Einkommensteuer wird immer wieder Kritik geäußert, weil es beim progressiven Verlauf des Steuertarifs die Paare mit hohen Einkommen zu Lasten derer mit niedrigem bevorzugt.

Bei der Finanzierung des BGE nach dem TG-Modell stellt sich gleichermaßen die Frage, Splitting oder nicht? Davon hängt nämlich die Transfergrenze der Partner ab. Ein Beispiel soll dies zeigen: BGE staatlich festgesetzt auf 800 Euro, S I = 50 %, ergibt eine TG von 1600 Euro. Die Einkommen der Partner sollen z.B. 900 Euro und 1900 Euro betragen. Bei Splitting sind es zusammen 2800 Euro, geteilt durch zwei ergibt 1400 Euro pro Kopf. Beide erhalten je 800 Euro BGE (= 1600 zusammen) und müssen dafür je 700 Euro S I (= 50 % von 1400) abliefern, also zusammen 1400 Euro. Das ist ein Plus für die beiden von 200 Euro (2 · 800 – 2 · 700). Ohne diese Zusammenlegung hat der / die mit 1900 Euro Einkommen 5 % = 90 Euro S II zu zahlen, der / die andere mit 900 Euro Einkommen zahlt 50 % = 450 Euro S I , bekommt aber 800 Euro BGE, ein Plus von 350 Euro. Zieht man davon die 90 Euro S II des / der anderen ab, bleibt ein Plus von 260 Euro für beide. Das sind 60 Euro mehr als für das Paar mit Splitting.

Weshalb also Splitting beim BGE? Das ist einerseits bedingt durch die mathematische Gleichung, wie sie in dieser Arbeit beschrieben und begründet ist, andererseits aus Gerechtigkeitsüberlegungen. Die mathematischen Gleichungen basieren zwar auf den Einkommensdaten von Einzelpersonen. Die werden aber aus den Haushaltseinkommen gewonnen, die das Statistische Bundesamt liefert. Daten der Einzelpersonen von Ehepartnern gibt es dort vermutlich nicht. Diese Haushalts-Einkommen müssen deshalb für die Rechnungen durch 2 geteilt werden, um die (fiktiven) Einkommen der Einzelpersonen zu erhalten , sozusagen ein mathematisch erzwungenes Splitting . Und wo ist da die Gerechtigkeit? Das ist leicht zu erklären mit dem Verweis darauf, dass es doch z.B. auch „ungerecht" wäre, wenn in einer Ehe der / die eine ein hohes Einkommen hat, der / die andere aber keines. Dieser / diese kann auch nicht Zahlungen aus Hartz IV erwarten. Das verbietet schon das Gesetz der Ehe, aber auch moralische und ethische Gründe sprechen dagegen.

3. 2. 8 BGE für alle

Das ursprüngliche Ulmer Modell (Pelzer 1994) war der Versuch, mit mathematischen Denkmethoden eine Möglichkeit zur Finanzierung eines bedingungslosen Grundeinkommens (früher „Bürgergeld") für alle Bürger oder ständigen Einwohner unserer Republik auszuloten. Ein zusätzliches Einkommen in Höhe des BGE an alle, von arm bis superreich wäre jedoch nicht nur ethisch bedenklich, sondern auch unbezahlbar, selbst wenn sich der Betrag des BGE in der Höhe des Existenzminimums (EM) bewegt. Unser BGE-Konzept ist deshalb als staatlich garantiertes Mindesteinkommen zu verstehen, das jedem rechtlich zusteht, dessen persönliches Einkommen unter einer vom Staat definierten Armutsgrenze liegt. Damit würde für diese Menschen der Zwang zur Erwerbsarbeit (vergl. Hartz IV) entfallen.

Es stellte sich als erstes die Frage nach den Kosten und dann nach der Geldquelle, aus der dieses System finanziert werden soll. Zudem sollte es möglichst einfach gestaltet sein, um ohne großen Verwaltungsaufwand eine hohe Effizienz zu erreichen.

In dem oben beschriebenen Algorithmus (Gl. 3) ist aufgezeigt, wie ein BGE aus einer steuerähnlichen Sozial-Abgabe, gerechnet als Prozent aller Bruttoeinkommen, finanziert werden kann. Dabei wird unterschieden zwischen dem hohen Abgabesatz S I (z.B. 50 %) bei Personen mit Einkommen unterhalb der Transfergrenze (siehe Tab. 1) und dem vergleichsweise niedrigen Abgabesatz S II (bei B = 600 € mtl. im Jahr 2003 etwa 3 %) des zahlenmäßig weit größeren Bevölkerungsanteils mit mittleren bis höchsten Einkommen (> TG). Beide zusammengezählt finanzieren in diesen Rechnungen aber „nur" das BGE für die Nettoempfänger mit Einkommen unterhalb der TG.

Will man dem Anspruch eines BGE **für alle** gerecht werden, müssen auch die Nettozahler (Bruttoeinkommen > TG) das BGE erhalten u.z. in derselben Höhe wie die Nettoempfänger. Die Nettozahler werden auf diese Weise ebenfalls zu „Empfängern". Wie steht es dann mit der Finanzierung dieser viel größeren Summe BGE für die Personen mit Einkommen oberhalb der TG ? (Bei einem BGE von 600 € mtl. und einem S I = 50 % wären dies im Jahr 2003 nach unserer Rechnung 460 Mrd. € gewesen, bei B = 800 Euro ganze 595 Mrd.). Behält man das Prinzip bei, dass alles BGE in einem Umlageverfahren ausschließlich durch die Sozialabgaben S I und S II aus den Bruttoeinkommen aller finanziert werden soll, dann ist die Rechnung in unserem TG-Modell einfach: Bei den Nettozahlern (> TG) wird der BGE-Betrag in % des jeweiligen Bruttoeinkommens Y umgerechnet und in Gl. 3 dem S II hinzugezählt. S II besteht dann aus zwei Komponenten, die wir durch die Bezeichnungen S IIα und S IIβ von einander unterscheiden. Das ist notwendig, weil sie (mathematisch) einen unterschiedlichen Bezug zu den in Rechnung stehenden persönlichen monatlichen Bruttoeinkommen (Y) haben. S IIα ist der aus Gl. 3 berechnete Prozentsatz, S IIβ der *Prozentsatz* aus Gleichung 8a und 8b.

$$\text{S II}\beta = B \cdot 100 / Y, \tag{8a}$$

$$\text{bzw. S II}\beta \cdot Y = B \cdot 100 \tag{8b}$$

Während S IIα als *Prozentsatz* über den gesamten Einkommensbereich oberhalb der Transfergrenze konstant ist, d.h. unabhängig vom Einkommen Y^5, nimmt der Prozentsatz S IIβ mit steigendem Y ab und strebt sogar asymptotisch gegen null[6]. Logischer Weise werden so die Kosten des BGE für die Bezieher von Einkommen > TG genau durch deren Sozialabgabe S IIβ gedeckt, u.z. unabhängig von der Höhe des festgesetzten *BGE-Betrags*. Der vollständige Algorithmus für die Finanzierung eines **BGE für alle** lautet dann

S II = S IIα + S IIβ = (Ne · (B + K) – Ve · S I / 100 – A / 12) · 100 / Vz + (B + K) · 100 / Y   (8c)

Abb. 3 zeigt die graphische Darstellung eines Beispiels solcher Rechnungen.

Die angefügten Hilfstabellen 3 a und 3 b enthalten die dafür verwendeten Zahlen aus den Rechnungen mit einem BGE von 600 € mit und ohne Krankenkassenbeiträgen von 200 €. Für S IIα wurden 3 % angenommen.

Hilfstabellen zu Abb. 3: BGE und S II oberhalb der Transfergrenze						
B + K	Y (Brutto)	S II α	S II β	S II β	S II α + S II β	S II β
€ mtl.	€ mtl.	% von Y	% von Y	in Euro	in % von Y	minus B in €
800	1600	8,5	50,0	800	58,5	0
800	2000	8,5	40,0	800	48,5	0
800	4000	8,5	20,0	800	28,5	0
800	6000	8,5	13,3	800	21,8	0
800	7000	8,5	11,4	800	19,9	0
800	15000	8,5	5,3	800	13,8	0
800	30000	8,5	2,7	800	11,2	0
800	40000	8,5	2,0	800	10,5	0
800	100000	8,5	0,8	800	9,3	0
800	300000	8,5	0,3	800	8,8	0

B = 600 Euro mtl., K = 200 Euro mtl., S I = 50 %

---

[5] In der Einkommensteuer nennt man dies einen proportionalen Tarifverlauf.
[6] Ein nicht linearer degressiver Verlauf.

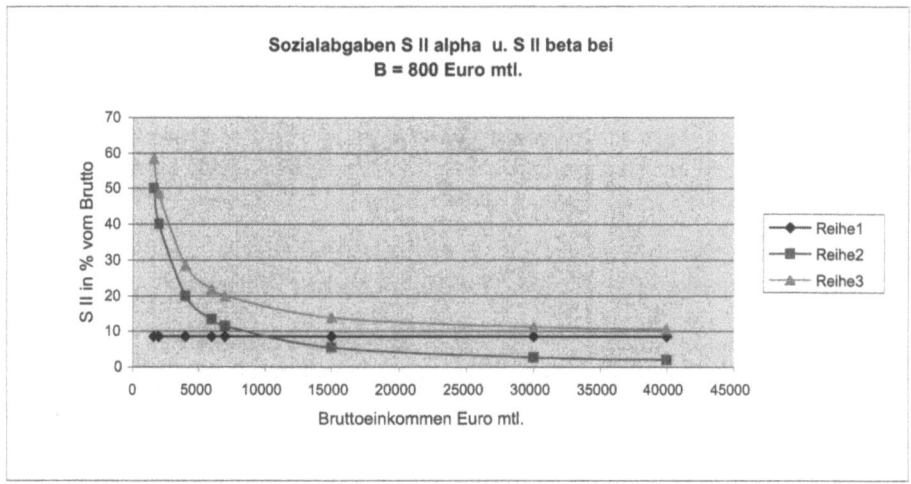

Reihe 1: S IIα, Reihe 2: S IIβ, Reihe 3: Summe S IIα + S IIβ

Abb. 3: BGE für alle: Als Beispiel Sozialabgaben S IIα und S IIβ bei B = 800 Euro mtl., S I = 50 %, S IIα = 5,0 %. (Daten von 2003)

Aus diesen Gleichungen und Rechnungen wird das Grundprinzip des "Ulmer Modells" noch einmal deutlich, nämlich mit einem mathematischen Denkansatz herauszufinden, ob sich ein *BGE für alle* allein durch politisch vertretbare Abgaben aus den Bruttoeinkommen *aller* finanzieren lässt. Die Antwort gibt die Gleichung 8c wenn man dort für A = 0 einsetzt. Der Term A eröffnet jedoch die Möglichkeit, zusätzlich noch andere Geldquellen – soweit vorhanden – in die Finanzierung mit einzubeziehen, z.B. um die Abgabelast S IIα bei den Nettozahlern zu verringern.

Da aus den genannten Gründen S IIß sich nach seiner Verrechnung mit dem erhaltenen Grundeinkommen B immer selbst aufhebt und in der endgültigen Rechnung *null* ergibt, kann es der Einfachheit halber auch weggelassen werden. Diese Vereinfachung hat bei Interessenten schon vielfach zu dem falschen Schluss geführt, dass das TG-Modell nicht für ein „BGE für alle", sondern nur für den einkommensschwachen Bevölkerungsteil unterhalb der Transfergrenze ausgedacht worden sei.

In Gl. 7a ist S IIβ · Y über den gesamten Bereich Y > TG konstant, nämlich B · 100. Das heißt, von *Prozentsatz* in *Geldbetrag* umgerechnet ist bei jedem beliebigen Y

$$S\ II\beta \cdot Y / 100 = B \qquad (8d)$$

Mit anderen Worten: In der Praxis ist der Abgabesatz S IIβ (*Prozentsatz!*) überall gleich dem erhaltenen Grundeinkommen B, die beiden Beträge heben sich gegenseitig auf, ihre Summe ist Null. Die Menschen mit höherem bis höchstem Bruttoeinkommen erhalten demnach zwar das Grundeinkommen wie alle anderen, es wird ihnen aber über S IIβ wieder abgezogen.

Die Kosten dieses *BGE für alle* sind somit für den Staat ebenfalls gleich Null, da sie nach Gleichung 3 allein aus den Sozialabgaben S I und S IIα der Bruttoeinkommen finanziert werden. Es sei denn, der Staat verringert diese von den Bürgern direkt aufzubringenden Beträge durch einen Zuschuss in A aus anderen Mitteln (siehe Kapitel 3.2.5).

Beachten: Auch bei der Berechnung der Kosten dieses „BGE für alle" darf die Abgabestufe an der Transfergrenze nicht übersehen werden (siehe dazu Variante in Kapitel 3. 2. 6).

4. Erweiterung durch das Konsumsteuer-Modell von Goetz Werner
Zitiert aus Pelzer und Fischer Karlsruhe 2007

In dem hier vorgeschlagenen Rechenmodell wird der Abgabesatz S I als variabler Parameter vom Gesetzgeber festgelegt. Mit dem Aufkommen aus der Sozialabgabe S II für Einkommen oberhalb der Transfergrenze muss die Differenz aus dem ausgezahlten BGE und den Einnahmen aus der Sozialabgabe S I bezahlt werden. Berücksichtigt man zudem Einsparungseffekte, die durch ein BGE möglich werden,[7] oder auch die Möglichkeit, weitere Etatpositionen umzuwidmen, eine Wertschöpfungsabgabe einzuführen oder andere Steuern zu erhöhen, legen wir der Berechnung die Gl. 3 zugrunde:

$$S\,II = ((Ne \cdot B \cdot 12 - Ve \cdot S\,I\,/\,100 + K) - A) \cdot 100\,/\,Vz$$

Hier wird der von den Nettozahlern aufzubringende Betrag aus der Sozialabgabe S II also durch die zusätzlichen Geldmittel (A) verringert. Insbesondere können in den Parameter A auf direktem Weg Beträge einfließen, die eine erhöhte Konsumsteuer zusätzlich als Finanzierungsquelle bereitstellt. Da letztlich jedoch alle vier Parameter (die Höhe des BGE, die Abgabesätze S I und S II und die zusätzlichen Finanzmittel A) der politischen Entscheidung unterliegen, kann das BGE in verschiedenen Parameter-Kombinationen gestaltet werden. Ergebnisse für einige, frei ausgewählte Kombinationen präsentieren wir in Kapitel 3.2.4.

Im Konzept von Götz Werner (2007) soll das BGE insgesamt aus nur einer Steuer bezahlt werden, der Mehrwert- oder Konsumsteuer. Da im Gegenzug zur Erhöhung dieser Konsumsteuer u.a. die Einkommensteuer sukzessive abgesenkt und schließlich abgeschafft werden soll, könnte dieses BGE-Konzept nicht kurzfristig realisiert werden. Werner spricht deshalb von einem Zeitraum von 15 bis 20 Jahren (Werner 2006). Diese Einschränkung gilt für das TG-Modell nicht. Es könnte in Deutschland nach einer Erprobungsphase kurzfristig eingeführt werden. Anfangs würde die Finanzierung des ausgezahlten BGE über die Sozialbeiträge S I und S II erfolgen. Aber schon bald könnte das TG-Modell allmählich durch das Werner-Konzept ergänzt werden, indem durch langsame, schrittwei-

---

[7] Es entfallen Kosten für die jetzige Verwaltungs- und Kontrollbürokratie der Sozialämter und Arbeitsagenturen ebenso wie solche Subventionen, die heute v.a. aus Gründen der Arbeitsplatzerhaltung gezahlt werden (ein Teil der Kohle- und Agrarsubventionen bspw.).

se Erhöhung der Konsumsteuer Finanzmittel frei würden, die als zusätzliche Geldquellen (A) zur Finanzierung des BGE genutzt werden (Fischer und Pelzer 2007). Die Folge einer sukzessiven, auch weiteren Erhöhung wäre zunächst eine entsprechende Absenkung der Sozialabgabe S II bei den Nettozahlern. Gleichzeitig oder anschließend wäre die Höhe des monatlichen BGE-Betrags pro Person zu überprüfen und bei Bedarf mit Hilfe der Mittel aus der Konsum- bzw. Mehrwertsteuer zu finanzieren. Gegebenenfalls wäre dann zusätzlich noch eine Revision des Abgabesatzes S I der Nettoempfänger zu überlegen. Alle diese Möglichkeiten sind in unserem Modell eröffnet.

Man sieht hier, dass sich diese beiden Konzepte, das von uns und das von Werner, auf geradezu ideale Weise ergänzen bzw. sich das eine in das andere kontinuierlich überführen ließe. Nach dem von Werner in Erwägung gezogenen Zeitraum von etwa 20 Jahren könnte dann das TG-Prinzip vollständig durch das Konsumsteuer-Konzept ersetzt sein ohne die bei einer momentanen Durchsetzung von letzterem zu erwartenden Erschütterungen in Wirtschaft und Gesellschaft nach sich zu ziehen. Beginnen könnten wir sofort.

5. Schere arm – reich

Es wird, zumindest in Deutschland, seit längerem beklagt, dass die Schere von arm und reich immer weiter auseinander klafft. Das gilt nicht nur für die Eigentumsverhältnisse, sondern auch für die Einkommen aller Art. Dazu bedarf es an dieser Stelle vermutlich keiner Erklärung oder eines Beweises. Man verfolge nur die diesbezüglichen Pressemitteilungen. Wir haben mit den Daten des Statistischen Bundesamtes aus dem Jahr 2003 errechnet, dass damals ein BGE von 600 Euro/Monat/Erwachsener (für Kinder bis 18 Jahre bleibt das gängige Kindergeld, das als „Kinder-BGE" angesehen werden kann) bei einer Sozialabgabe S I von 50 % eine S II der „Nettozahler" von etwa 3 % der Bruttoeinkommen erfordert hätte. Allein damit wäre die Schere arm / reich bereits ein wenig geschlossen worden.

Lassen wir an dieser Stelle eine Definition von „arm" außer Betracht, sagen wir statt dessen „arm ist, wessen Einkommen unterhalb der Transfergrenze liegt". Da der Gesetzgeber die Höhe für alle festlegt, bestimmt er damit auch die „BGE-definierte Armut". Sie würde, in einem einheitlichen BGE-Gesetz festgelegt, durchaus auf Kosten der Wohlhabenden und Reichen, aber nicht über den allgemeinen, undurchschaubaren Steuertopf, sondern auf direktem Weg von wohlhabend zu arm letzteren zugute kommen. Ein Bewusstseinswandel im Sinne des Begriffs „sozial" wäre die Folge.

6. BGE für Kinder und Jugendliche

In dem hier beschriebenen Finanzierungsmodell für ein BGE bleiben Kinder und Jugendliche bis 18 Jahre unberücksichtigt. Ihre Einbeziehung wäre nicht ratsam und auch kaum durchführbar. Ebenso sollte dann die Finanzierung beim Staat verbleiben. Sogar ein höheres Kindergeld könnte dann vom Staat kostenneutral finanziert werden, wenn man andere Sozialleistungen, die durch das BGE eingespart werden, dagegengerechnet. Die Transfergrenze ist definitionsgemäß das Einkommen, bei dem sich die Sozialabgabe S I und der BGE-Betrag gerade gegenseitig aufheben. Da Kinder in der Regel kein eigenes Einkommen haben, kann von ihnen auch keine Sozialabgabe verlangt werden. Das wiederum heißt, dass alle Kinder ohne Gegenleistung das volle BGE erhalten müssten, auch die Kinder aus wohlhabenden Familien. Zudem wäre der volle BGE-Betrag, wie ihn die Erwachsenen erhalten, vermutlich für Kinder zu hoch. Liegt er aber darunter, ergibt sich rein rechnerisch für sie eine andere Transfergrenze, was die Sache noch weiter kompliziert und eigentlich im Sinne des TG-Modells undurchführbar ist. Auch deshalb sollte es nach einer Einführung des BGE-Systems bei der geltenden Kindergeldregelung bleiben.

Bestenfalls könnte jedoch das (in Deutschland) vom Staat finanzierte Kindergeld in das BGE-System integriert werden ohne Transfergrenze und Sozialabgaben sofern das dafür notwendige Geld aus dem Staatshaushalt an die BGE-Kasse überwiesen wird, die es zusammen mit dem BGE an die Eltern weitergibt.

So bleibt die Empfehlung, das Kindergeld in seiner jetzigen Form beizubehalten, vielleicht mit der Ausnahme, Jugendliche ab 16 Jahre, sofern sie sich in einer beruflichen Ausbildung befinden („Ausbildungsvergütung"), in die BGE-Regelung zu nehmen und sie dort wie Erwachsene ab 18 zu behandeln. Die Abschätzung der Kosten dieser Ausnahmen erfordert jedoch Angaben über die Zahl dieser in der Ausbildung befindlichen Jugendlichen, die für unsere aktuellen Berechnungen nicht zur Verfügung stand.

Als Alternative wäre auch eine Zusammenlegung von BGE und Kindergeld einer Diskussion wert: Wenn das Kindergeld vereinheitlicht, d.h. unabhängig vom Einkommen der Eltern den Kindern zugestanden wird, ergäbe das sogar eine spürbare Senkung der Verwaltungskosten in den Finanzämtern (Sozialämtern?). Procedere: Der Staat überweist für jedes Kind bis 18 Jahre an die BGE-Kasse den festgesetzten Kindergeld-Betrag. Von dort wird das Geld zusammen mit dem BGE für die Erwachsenen an die Eltern ausbezahlt. Da das Einkommen der Eltern dabei keine Rolle spielen dürfte, würden dabei die Steuerfreibeträge für die Kinder in den mittleren bis oberen Einkommensbereichen entfallen. Das wäre sogar gerechter als die gegenwärtige Praxis, bei welcher der Kinderfreibetrag bei der Steuer vielfach mehr bringt als das betreffende Kindergeld im unteren Bereich. Bei der vorgeschlagenen Regelung würde auch ein eigenes Einkommen des Kindes nicht in die BGE-Rechnung eingehen. Es gäbe für Kinder keine Transfergrenze und folglich keine Sozialabgabe S I, und auch die TG der Eltern würde sich nicht ändern. Diese könnten dann aber auch keinen Kinderfreibetrag mehr in ihrer Einkommensteuer geltend machen.

Daraus folgt: selbst Kinder von superreichen Eltern erhielten dieses „Kinder-BGE", es würde jedoch bei ihnen nicht mit der Sozialabgabe S II verrechnet.

7. Menschenwürde und BGE-Betrag

Der Denkansatz der Ulmer Arbeitsgruppe war geprägt vom ethischen Begriff der Menschenwürde. In diesem Sinn scheint es unannehmbar, dass in unserem reichen Land immer mehr Menschen, die mehr oder weniger unverschuldet infolge der strukturellen Schrumpfung „arbeitslos" (gemeint ist „erwerbslos") und mittellos geworden sind, jede Arbeit, die ihnen von der zuständigen Behörde zugewiesen wird, annehmen müssen, um zu überleben. Und dies oft zu einem minimalen Lohn (Beispiel Ein-Euro-Jobs). Die Ulmer Gruppe macht mit ihrem TG-Modell konkrete Vorschläge, wie dieses Dilemma durch ein BGE aufgelöst werden könnte.

Unser Konzept für ein BGE basiert letztlich auf der Idee der negativen Einkommensteuer (NES), die der liberale Ökonom Milton Friedman (Nobelpreis 1976) schon im Jahr 1962 formuliert hat. Dass sich diese trotz groß angelegter Feldversuche in den USA letztlich nicht bewährt hat, liegt an der Gesellschafts- und Verwaltungsstruktur der USA (siehe René Weber 1991). Mit dem TG-Modell schlagen wir an Stelle einer Negativsteuer nun ein existenzsicherndes BGE von z.Z. (2009) 645 Euro mtl. vor entsprechend dem Grundfreibetrag in der Einkommensteuer (2003: 600 Euro mtl.).

Ein BGE von 600 Euro im Jahr 2003 wäre für die Armen im Vergleich zu Hartz IV schon eine Menge Zugewinn an Menschenwürde gewesen und zudem durch Wegfall all des bürokratischen Aufwands, von dem die derzeitigen Regelungen begleitet sind, sehr viel billiger.

Wenn wir den Gewinn an Menschenwürde bei *nur* 600 Euro / Monat (2003) an den Anfang unserer Überlegungen gestellt haben (und nach wie vor stellen), so tun wir dies im Sinne der Verfassung, § 1 GG „Die Würde des Menschen ist unantastbar"[8]. Weitere Erklärungen dazu bedarf es wohl nicht. Warum aber gerade 600 Euro? Sie leiten sich aus unserer Verfassung ab, über deren Einhaltung das Bundesverfassungsgericht wacht. Zwei Kläger hatten dort im Jahr 1992 ein Urteil erwirkt, demzufolge der Grundfreibetrag in der Einkommensteuer (inkl. Lohnsteuer) nicht unter dem Existenzminimum (EM) liegen darf. Die obersten Richter setzten damals nach gründlicher Prüfung dieses Existenzminimum für die Jahre 1996 – 1998 auf 1000 DM monatlich pro Erwachsener fest. Sie entschieden sogar, dass es in den Jahren danach im Maße der Geldentwertung anzuheben sei und gaben diesbezüglich bindende Empfehlungen bis zum Jahr 2006. So kann man im Umkehrschluss auch sagen, dass der steuerliche Grundfreibetrag ein höchstrichterliches Maß für das im jeweiligen Jahr gültige EM ist (wir nennen es das „steuerliche Existenzminimum" oder „staatlich festgestelltes Existenzminimum", Abkürzung SEM). Das mag auch der Grund sein, warum in den Diskussionen um das BGE zur Zeit immer wieder 600 € bzw. 645 € monatlich als Grundlage für den wünschbaren, und auch forderbaren Betrag eines „Grundeinkommens für alle" genannt werden (Grundfreibetrag 2001: 545 € monatl. 2003: 602,93 € mtl., 2005: 613 € mtl., 2008: 645 € mtl.[9]). Bei den

---

[8] Präambel im Grundgesetz der Bundesrepublik Deutschland, die Grundrechte Artikel I: „Sie zu achten und zu schützen ist Verpflichtung aller staatlichen Gewalt".

[9] Quellen: Bundesministerium der Finanzen 2008 (DIE ZEIT 30.10.08, S. 23)

meisten Betroffenen bliebe mit Sicherheit ein Anreiz bestehen, ihre Situation durch einen Zuverdienst zu verbessern.

In unserem TG-Modell, gerechnet mit dem statistischen Datenmaterial aus dem Jahr 2003, empfehlen wir deshalb, die 600 € (genauer: 602,93 €) zunächst als Richtwert in die Rechnungen einzusetzen, auch wenn man selbst gerne ein anderes, meist höheres BGE vorziehen würde. Solche Rechnungen geben erst einmal einen Einblick in die tatsächlichen Kosten eines BGE und seine Finanzierungsmöglichkeiten. Erst dann sollte versuchsweise mit anderen Beträgen gerechnet werden, um auch von ihnen ein Bild der Finanzierungsmöglichkeiten zu bekommen.

Da sich das SEM von Jahr zu Jahr (leicht) ändert, ist es schwierig, es über mehrere Jahre hinaus als Geldwert anzugeben, Deshalb wäre es besser, sich allgemeiner auszudrücken, indem man nicht 603 € (2003) oder 645 € (2006) sagt, sondern einfach SEM, das die Jahreszahl definitionsgemäß mit einschließt. So bekommt man die Möglichkeit, in der Rechnung für den Parameter B (BGE-Betrag) nicht Euro einzusetzen, sondern Vielfache von SEM. Beispiele: Für 2003 waren (gerundet) 1 SEM = 600 €, 1,5 SEM = 900 €, 2 SEM = 1200 €. Für 2006 wären dem entsprechend: 1 SEM = 645 €, 1,5 SEM = 967 € u.s.w.

Der Begriff Existenzminimum kann sich auf Sachwerte beziehen, so auf Nahrung (Essen), Unterkunft (Wohnung) und Kleidung. Allgemein gilt er jedoch für einen Geldbetrag, mit dem man diese Sachen kaufen, d.h. bezahlen kann. Letzterer wird in der Praxis allgemein verwendet, weil mit ihm gerechnet werden kann, was einen besseren Vergleich einzelner Leistungen ermöglicht und damit seine öffentliche Verwaltung erleichtert, verbilligt. Das Bindeglied dieser beiden Betrachtungsweisen bildet im Deutschen das Wort „Geldwert". Es sagt aus, wie viel bestimmte Waren oder Dienstleistungen man mit einer bestimmten Summe Geld kaufen kann (auch Essen, Wohnung, Kleidung) oder umgekehrt, wie viel Geld eine bestimmte Ware oder Dienstleistung kostet. In beiden Denkrichtungen spielt der Begriff des „Geldwertes" (was ist das Geld wert?) die zentrale Rolle.

Der Geldwert ist jedoch keine konstante Größe. Er verändert sich, zumal in marktwirtschaftlichen Systemen, ständig durch Angebot und Nachfrage. Logischerweise verändert sich mit ihm auch der Geldwert des Existenzminimums. Für die Unterstützung der Armen wie beispielsweise durch Sozialhilfe, Hartz-Gesetze, Bafög etc. kann das von großer politischer Bedeutung sein, wenn sich z.B. durch Inflation der Geldwert zu schnell ändert, um von der politischen Bürokratie genügend rasch berechnet und ausgeglichen zu werden. Hier zeigt das BGE nach dem TG-Modell entscheidende Vorteile, weil mit ihm sehr schnell und gerecht auf solche Veränderungen reagiert werden kann. Die ohnehin stattfindende ständige Registrierung der Bruttoeinkommen aller Bürger erlaubt, wie oben ausgeführt, eine ständige Nachjustierung des Grundeinkommens durch die BGE-Behörde ohne entsprechende Gesetzesnovellierung mit ihrem großen personalen und zeitlichen Aufwand. Dass sie zudem für den Normalbürger einsichtiger und vor allem verständlich wird, wäre ein wichtiger Nebeneffekt.

8. Mindestlöhne: BGE statt Kombilohn

Die Lohndifferenzen zwischen Deutschland und seinen östlichen und fernöstlichen Handelspartnern bereiten den deutschen Unternehmen zunehmend Sorgen. Die Globalisierung erlaubt ihnen aber die Auslagerung von teurer Produktion dorthin, wo die Löhne niedriger sind. Ein Mindestlohngesetz kann für die Tätigkeit von ausländischen Arbeitern nur in Deutschland gelten, auf Arbeiten im Ausland selbst, auch innerhalb der EU, hat es keinen Einfluss. Um Arbeiten im „Niedrigstlohnbereich" dennoch in Deutschland zu ermöglichen, kam vor etlichen Jahren die Idee eines „Kombilohns" auf (Florian Gerster, damals Arbeits- und Sozialminister in Rheinland-Pfalz). Durch staatliche Zuschüsse an Unternehmen sollten Mindestlöhne (zumindest rechnerisch) wieder erlaubt werden, allerdings in sehr engen Grenzen und mithilfe eines großen bürokratischen Aufwandes. Ein BGE nach dem TG-Modell wäre da viel effektiver und billiger. Und man könnte sich in Deutschland wieder niedrig qualifizierte Arbeiter (früher „Hilfsarbeiter") „leisten". Erste Ansätze dazu siehe Pelzer (2002).

Warum muss eigentlich jeder Mensch in Deutschland eine Berufsausbildung haben selbst dann, wenn er/sie sich damit schwer tut? Es wäre für unser Land viel gewonnen, wenn es hier dank BGE wieder den Stand des ungelernten Arbeiters gäbe. Unzählige Groß- und Kleinbetriebe würden solche einstellen, wenn es die z.Z. aus den bekannten Gründen festgeschriebenen Mindest- und Kombilöhne nicht gäbe. Und für die davon betroffenen Menschen wäre es ein Anreiz, der stigmatisierenden Arbeitslosigkeit zu entgehen. Mit diesem Zuverdienst könnten sie sich einen Lebensstandard leisten, der über dem Existenzminimum (Grundeinkommen) liegt.

9. BGE und Berufsausbildung

Von BGE-Gegnern wird immer wieder argumentiert, dass viele junge Menschen ihre Ausbildung aus Faulheit abbrechen würden, wenn sie ab dem 16. Lebensjahr ein BGE wie Erwachsene erhielten. Wer hat je glaubwürdig untersucht, wie viele das wären? Eine(r) von 100, oder vielleicht fünf von 100? Und das bei zeitweilig immer noch über 100 000 fehlenden Ausbildungsplätzen in Deutschland! Wenn durch das BGE pro Ausbildungsplatz beim ausbildenden Betrieb 650 Euro mtl. „Azubilohn" eingespart würden, sähe das Angebot anders aus. Und wer kennt die Gründe von jungen Menschen, ihre Ausbildung in einem speziellen Beruf abzubrechen, sobald es ein BGE gibt? Wäre es immer Faulheit?

Und wie sieht es am oberen Ende der Qualifikationsskala aus? Tausende hochqualifizierter Jungakademiker sitzen auf der Straße oder arbeiten als „Praktikanten" (sog. Prekarianten, von prekär) oder müssen eine ihnen von Amts wegen zugeteilte geringqualifizierte Arbeit ausführen, um zumindest HARTZ IV zu bekommen. Ein gesellschaftlicher Skandal! Mit einem existenzsichernden BGE könnten sie nach dem Studium z.B. noch eine Zeit lang ohne Bezahlung an der Hochschule bleiben. Die Professoren könnten mit ihnen wieder freie Grundlagenforschung betreiben, die heute aus Kostengründen kaum mehr möglich ist (Drittmittel-System). Es käme zu einem Innovationsschub ungekannten Ausmaßes (Roman Herzog als Bundespräsident: „Es muss ein Ruck durch unser Land gehen"). Auch sollte man bei der Einschätzung der Bedeutung eines BGE an die vielen Studentinnen und Studenten aus nicht wohlhabenden Familien denken, die heute lieber neben dem Studium jobben, als sich bei einer Bank einen „Studienkredit" zu holen.

10. Das BGE in der EU und weltweit

Es wurde oben schon erwähnt, dass eine Sozialreform wie das BGE-Konzept in Deutschland ohne die Zustimmung der EU-Kommission kaum möglich wäre. Die Kommission wird vorher prüfen, ob dieses Konzept zumindest prinzipiell auf andere Mitgliedsstaaten übertragbar ist. Ein einheitliches EU-BGE-Gesetz könnte das Ziel sein.

Sieht man sich die anderen bekannt gewordenen BGE-Vorschläge an, z.B. die im deutschen „Netzwerk Grundeinkommen" diskutierten oder das von Joachim Mitschke (1985) für die F.D.P. ausgearbeitete „Bürgergeld" oder das von Götz Werner probagierte Modell (Presse u. Werner, 2007) , so wird rasch klar, dass sich keines von ihnen für eine europaweite Anwendung eignet. Das wohl deshalb, weil sich alle zu sehr an den spezifisch deutschen Verhältnissen orientieren, diese verbessern wollen. Der Algorithmus als mathematische Grundlage des TG-Modells (wie auch des „Ulmer Modells eines Bürgergeldes" von Beginn an, siehe Pelzer 1994) macht dieses unabhängig von den geltenden Paragrafen der Steuer- wie der Sozialgesetzgebung: Die Sozialabgaben S I und S II sind aus dem Einkommensteuertarif herausgenommen, und das BGE hat grundsätzlich nichts mit Hartz IV oder ALG II zu tun, da es auf die Bedürftigkeitsprüfung mit Zwang zur (Erwerbs-)Arbeit verzichtet. Nur der genaue Nachweis anderer Einkommen wird verlangt und überprüft. Vermögen oder Besitz (Eigentum) werden nur in Form der Vermögenserträge (Zinsen, Mieten etc.) in die Berechnung einbezogen.

Diese Unabhängigkeit des TG-Modells von der nationalen Gesetzgebung zeigt sogar noch einen Schritt weiter. Im Rahmen der EU wäre es nicht sinnvoll, die Höhe des BGE (in €) und/oder des Abgabesatzes S I (in %) für die Mitgliedsstaaten einheitlich festzulegen. Die Wirtschaftsverhältnisse, ausgedrückt in Brutto- und Nettosozialprodukt, sind dafür in den Mitgliedsstaaten zu unterschiedlich. Das gilt folgerichtig auch für die Existenzminima in diesen Ländern. Aber die EU-Kommission könnte anordnen, welches BGE, ausgedrückt in Vielfachen des jeweiligen nationalen SEM (steuerliches Existenzminimum, siehe Kap. 7), überall und einheitlich gelten soll. Die einzelnen Mitgliedsstaaten hätten dann immer noch die Möglichkeit, für sich spezifisch die Abgabe S I festzusetzen. Ein gewisser Wettbewerb um die beste Sozialordnung wäre vielleicht die Folge, zum Arbeitsmarkt käme ein „Sozialmarkt" hinzu[10].

---

[10] Bei unseren Berechnungen der Kosten eines BGE wurden bisher nur die Verhältnisse in Deutschland berücksichtigt. Die zugrunde liegenden Daten zur Einkommensverteilung stammen von 2003.

11. Zeitlich begrenzte regionale Erprobung: der Weg in die Praxis

Im Hinblick auf die in dieser Arbeit beschriebenen Finanzierung eines BGE nach dem TG-Modell besteht eine gewisse Unsicherheit in der beschränkten Aussagekraft der für die Vorausberechnung der Kosten verwendeten statistischen Daten zur Einkommensverteilung. Das bringt ein Risiko, dass für ein BGE in bestimmter Höhe durch Absenkung des BGE-Betrags oder eine Erhöhung von S II und / oder einen größeren Betrag für A begegnet werden müsste.

Um solche Unsicherheiten zu minimieren, empfehlen wir regional und zeitlich begrenzte Erprobungen. So wären beispielsweise Probeläufe in Bundesländern (siehe Kombilohn), Kreisen, Städten oder Regierungsbezirken denkbar. Das könnte in Absprache mit der jeweils größeren Verwaltungseinheit (Bund, Land, Regierungsbezirk) geschehen, die dann für größere finanzielle Verluste aufgrund von fehlerhaften Voraussagen die Schirmherrschaft übernehmen müssten. Die Meinung von Gegnern des BGE-Konzepts, ein solches Vorgehen verstoße gegen die Verfassung und sei daher juristisch nicht erlaubt, ist nicht stichhaltig. Es bedarf lediglich einer Neuauflage der „Experimentierklausel" im Sozialhilfegesetz, die auch schon die Erprobung des „Einstiegsgeldes" in Baden-Württemberg (2001) und später (2002) die des Kombilohns in Rheinland-Pfalz mit Fortsetzung in einigen weiteren Bundesländern und schließlich im ganzen Bundesgebiet ermöglichte.

Beim BGE könnte mit Regionalexperimenten begonnen werden, eventuell sogar ohne Einbehaltung der Sozialabgabe S II bei den Einkommen oberhalb der Transfergrenze. Wenn die Experimentierregion klein genug ist, d.h. dort nur vergleichsweise wenige BGE-Empfänger zu erwarten sind, wäre vielleicht die eine oder andere Landesregierung bereit, versuchsweise für begrenzte Zeit die Kosten für die BG-Empfänger unterhalb der TG (damit Wegfall der HARTZ IV Unterstützung!) zu übernehmen. Erst die Ergebnisse aus solchen Untersuchungen würden glaubhaft Auskunft geben, ob die Behauptung „dann arbeiten die Leute nicht mehr", erlaubt ist.

Für eine Erprobung des BGE vor seiner allgemeinen Einführung bietet das TG-Modell auch noch andere Möglichkeiten. Eine davon mag geradezu verrückt anmuten, sollte aber trotzdem zumindest diskutiert werden: Die geplante Einführung eines BGE-Systems muss nach geltendem Recht Gesetzes-Charakter haben. Das könnte einheitlich im ganzen Bundesgebiet vollzogen werden, sofern es allgemein gehalten ist und keine Festlegung auf Zahlen im TG-Modell enthält. Diese sind ohnehin Sache der politischen Entscheidungsträger. Das Gesetz würde dann nur den von uns entwickelten Algorithmus enthalten, und die Politiker entscheiden über die aktuelle Größe der variablen Parameter B, S I, K und A. Sofern die Politik das BGE-System ablehnt, müsste sie zunächst lediglich entscheiden, dass beim Parameter B die Zahl Null eingesetzt wird. Das Gesetz gilt dann zwar weiter, kommt aber nicht zur Anwendung, da es bei B = 0 kein BGE für die Bürger gibt. Die Zeit des dann nicht angewandten Gesetzes könnte genutzt werden, die ganze Problematik des BGE-Konzepts in Ruhe zu überdenken. Kommt man dabei zu einem akzeptablen Ergebnis, stünde einer Einführung nichts mehr im Wege, sie könnte dann sozusagen von einem Tag auf den anderen erfolgen. Nachfolgende Korrekturen bzw. Anpassungen bei den Parametern B, S I, A und K wären ohne zusätzlichen Aufwand möglich.

Ein derartiges Vorgehen unter Zuhilfenahme eines „BGE-Gesetzes" hätte auch bei eventuell erforderlichen regional begrenzten Probeläufen große Vorteile. Die Regionen könnten selber entscheiden, mit welchen Zahlen für B, S I, K und A sie in das Experiment einsteigen wollen. So wäre eine Vielfalt von Ergebnissen zu erwarten wie beispielsweise Unterschiede bei Nord / Süd und Ost / West; ein weites Feld für sozialpolitische Untersuchungen und Folgerungen würde sich daraus ergeben.

Unabhängig davon, welche Erprobungsszenarien im Einzelfall gewählt werden, darf die Erprobungsdauer nicht zu kurz sein, da sich sonst weder die betroffenen Menschen (Nettoempfänger), noch die arbeitgebende Wirtschaft darauf einstellen können. Ein falsches Bild über die Akzeptanz eines BGE wäre u.U. das Ergebnis.

Die aufgezeigten Unsicherheiten bezüglich Voraussagen über die Funktionstüchtigkeit eines solchen BGE-Systems in seiner endgültigen Fassung gelten für Deutschland. Das TG-Modell ist jedoch wie beschrieben auch in anderen Ländern anwendbar. Welche Vorweg-Erprobungen dort im Einzelfall erforderlich wären, kann nur von den dafür zuständigen nationalen Instanzen ausgelotet und entschieden werden.

Eine solche räumlich und zeitlich begrenzte Erprobung des BGE-Konzepts birgt jedoch eine Gefahr in sich, die nicht übersehen werden sollte. In Abb. 1 (Kreisdiagramm) wurde aufzuzeigen versucht, in welchen Bereichen der Wirtschaft und Gesellschaft Veränderungen zu erwarten sind u.z. in Abhängigkeit von der Höhe des BGE-Betrags B. Wenn diese Veränderungen im Verhalten der betroffenen Menschen auch nicht sofort, also ohne zeitliche Verzögerung eintreten würden, wäre es dennoch von Vorteil, wenn nicht alle Veränderungen gleichzeitig gemessen oder auch nur abgeschätzt werden müssten. Das wäre zu erreichen mit der probeweisen Einführung eines „Basisgeldes" (Pelzer 1999). Diese Idee beruhte auf der Überlegung, man sollte die Neigung zur „sozialen Hängematte" zunächst einmal ernst nehmen. Es wird nämlich von den BGE-Gegnern argumentiert, dass selbst ein BGE in Höhe des Existenzminimums viele Menschen dazu verleiten würde, sich aus der Erwerbsarbeit zurückzuziehen, um sich „auf die faule Haut zu legen" (die „Faulenzer" von Gerhard Schröder als Bundeskanzler) oder ihre Kraft in „Schwarzarbeit" zu stecken.

Dass solche (negativen) Behauptungen aber mit Vorsicht zu betrachten sind, zeigt ein BGE-Experiment, das vor 2 Jahren in Namibia (Westafrika) begonnen wurde. Dort hatte schon 2002 die nationale Steuerkommission ein Grundeinkommen für alle Bürger empfohlen, um mehr soziale Gerechtigkeit zu schaffen. Namibia ist laut UN das Land mit der größten Einkommenskluft. Die Regierung konnte sich jedoch nicht zur Einführung durchringen. Deshalb haben Kirchen und Gewerkschaften einen Modellversuch gestartet. Im Dorf Otjivero bekommen alle 1000 Einwohner bis 60 Jahre von 2008 an ein BGE von monatlich 100 Namibia Dollar (etwa 10 Euro). Aus verschiedenen Presseberichten erfuhr man dann, dass dieses wenige Geld für die Menschen dort wie ein Segen empfunden wurde. Fast alle von ihnen nutzten es, sich allmählich eine kleine Existenz aufzubauen, von der sie notdürftig leben oder ihr Leben ein klein wenig verbessern konnten. Von einem erhöhten Alkoholkonsum und Ähnlichem war nicht die Rede. Und so wurde dieses „Experiment" um ein weiteres Jahr verlängert, bisher mit offenbar demselben Ergebnis. Die wirtschaftlichen und sozialen Erfolge dieser Aktion sind jedenfalls bisher selbst für die Initiatoren erstaunlich groß.[11]

Mit diesem mutigen Beispiel konnte der Unterschied zwischen Meinung und Faktum (Tatsache) aufgezeigt werden. Reine Meinungen sollten, wie die bei deutschen Politikern weit verbreiteten negativen Voraussagen zu den Auswirkungen eines BGE nicht als Grundlage für seine Ablehnung genommen werden. Deshalb der Vorschlag, sich die kleine Gemeinde im afrikanischen Namibia zum Vorbild zu nehmen für eine experimentelle Erprobung einer so zukunftsträchtigen Sozialreform.

12. Praktische Durchführung der Rechnungen

12.1 Datensammlung und ihre Interpretation

Das Ulmer Transfergrenzen-Modell ist die mathematische Beschreibung eines Konzepts zur Etablierung eines „bedingungslosen Grundeinkommens" für eine staatlich oder regional begrenzte Bevölkerungsgruppe. Um dieses Konzept auf seine Tauglichkeit zu überprüfen, ist eine möglichst genaue Kenntnis der Einkommensverteilung in dem betreffenden Staat oder der Region erforderlich, da in den dafür entwickelten Gleichungen (Algorithmen) diese Daten die Rechengrundlage bilden. Uns standen bisher nur diesbezügliche Angaben des (deutschen) Statistischen Bundesamtes (StBA) zur Verfügung, die aus einer Stichproben-Erhebung bei 62150 Haushalten (1998) bzw. 53430 Haushalten (2003) stammen. Inwieweit ein so kleiner Bevölkerungsanteil genügend repräsentativ für die gesamte Bevölkerung ist, können wir nicht beurteilen. Dagegen sind zwei andere Unsicherheiten in der Datensammlung für die Rechenergebnisse von Bedeutung.

Die eine betrifft die Rubrik „andere Haushalte", für die keine Personenzahlen und auch nicht der jeweilige Anteil der Kinder aufgeführt sind. Hier halfen nur Annahmen unsererseits mit einer möglichst hohen mathematisch ermittelten Plausibilität (Pelzer u. Fischer 2004). Eine zweite, sogar schwerwiegende Unsicherheit besteht darin, dass die Erhebungen des Bundesamtes nur Haushalte mit Einkommen bis maximal 350 000 DM (1998) bzw. 240 000 € (2003) erfasst. Auch die Hochrechnungen auf die Gesamtbevölkerung basieren auf diesen Zahlen, so dass V in unseren Rechnungen („Volkseinkommen") und somit auch Vz zu tief eingesetzt ist. Dieser „Fehler" gereicht der ganzen Sache allerdings zum Vorteil, weil ein höheres (dann richtiges?) Vz eine geringere Sozialabgabe S II der über der Transfergrenze liegenden Einkommensbezieher zur Folge hätte.

Und noch ein Mangel in der Datensammlung des StBA muss hier erwähnt werden, weil er möglicherweise eine fehlerhafte Interpretation der Rechenergebnisse zur Folge haben kann. Bei den Angaben zu den Einkommen sind Zahlungen aus Sozialtransfers (Sozialhilfe, Arbeitslosenhilfe, Arbeitslosengeld etc.) nicht eigens ausgewiesen, sie zählen

---

[11] Näheres kann der Presse entnommen werden, z.B Frankfurter Rundschau vom 22. April 2010, S. 16: „Ein Dorf beginnt zu wirtschaften. Gewerkschafter Jauch über das Pilotprojekt eines Grundeinkommens in Namibia".

als „Einkommen" wie alle anderen. Daraus folgt, dass auch sie in der Rechnung nicht einfach wegfallen dürfen, sondern bei der Sozialabgabe S I mit berücksichtigt werden. Gleichermaßen verhält es sich mit den Ruhestandbezügen (Renten, Pensionen), die in der Einkommensverteilung des StBA ebenfalls nicht eigens ausgewiesen wurden. Wie sie in einem BGE-System nach dem TG-Modell zu behandeln sind, ist noch Gegenstand gesonderter Untersuchungen.

Aus diesen Einschränkungen der Brauchbarkeit der statistischen Daten vom Bundesamt folgen eine Reihe wichtiger Erkenntnisse für die Praxis.

Beim Transfergrenzen-Modell handelt es sich (nur) um ein mathematisches Werkzeug zur Gestaltung einer großen sozialökonomischen Reform. Es zwingt im Gegensatz zu den meisten anderen BGE-Modellen zu konkreten Aussagen über die Höhe des vorzusehenden, bestmöglich erscheinenden monatlichen BGE-Betrags an jeden Empfänger (Bürger?) und über den Prozentsatz S I des Bruttoeinkommens, mit dem diese sich an der Selbst-Finanzierung des BGE beteiligen. Das sind politische Entscheidungen, die weit in die Gesellschaft und in die Wirtschaft hineinwirken. Sich in diesen beiden Punkten nicht festlegen zu wollen bedeutet, die Praxis eines BGE-Projekts aus den Augen zu verlieren. Übrig bleiben dann nur Wolken am Himmel einer schönen Idee.

Die statistischen Daten zur Einkommensverteilung in dem betreffenden Staat, in der betreffenden Region, sind in den verwendeten Algorithmen feste, nicht variable Parameter. Wer ihre Genauigkeit oder Glaubwürdigkeit anzweifelt, soll sie ohne Weiteres durch genauere („richtigere") ersetzen und mit der so geschaffenen neuen Ausgangslage die Rechnungen wiederholen.

12. 2 Statistische Daten aus den Jahren 1998 und 2003 eignen sich nur bedingt zu Prognosen für die Verhältnisse nach Einführung eines BGE

Fundierte Prognosen auf die Zukunft sind in den Gesellschaftswissenschaften kaum möglich, in den Wirtschaftswissenschaften nur unter Zuhilfenahme von mehr oder weniger glaubhaften Annahmen. Ein methodischer Ansatz sind in beiden Bereichen Extrapolationen von Daten aus der (jüngsten) Vergangenheit auf die (nahe) Zukunft.

Die Extrapolation einer auf 2 Messpunkten basierenden Linie ist aber nur erlaubt, wenn die zugrunde liegende mathematische Funktion bekannt ist (gerader oder kurviger Verlauf). Die sehr ähnlichen, fast identischen Rechenergebnisse für S II (%) aus den Daten von 1998 (DM) und 2003 (Euro) ließen jedoch den Schluss zu, dass hier eine Extrapolation auf die nächsten 5 Jahre, also bis 2008 bzw. 2013 zulässig ist, sofern sich in dieser Zeitspanne in Deutschland keine einschneidenden politischen und / oder wirtschaftlichen Veränderungen ereignen (Fischer u. Pelzer 2006).

Wäre die Einführung des Prinzips eines Grundeinkommens eine solche einschneidende Veränderung? Ja und nein. Ja, weil sie nach der Ära der *Sozialen Marktwirtschaft* auf längere Sicht das Vertrauen der Menschen in unseren Sozialstaat zurückgeben würde. Nein, weil die deutschen Bürger in ihrem Denken und Handeln konservativer sind, als vielfach angenommen (ein Landtagsabgeordneter in Stuttgart: „Wir brauchen dringend

Reformen, dürfen aber nichts verändern"). Im Übrigen wären solche Verhaltensänderungen ohnehin in hohem Maße abhängig von der Höhe des an die Nettoempfänger monatlich ausgezahlten BGE. Wäre dies z.B. nur so viel wie das HARTZ IV Geld vor der Einführung des BGE, dann dürfte sich im wirtschaftlichen Verhalten der Menschen zunächst kaum etwas ändern. Allein das Bewusstsein, nicht von Behörden zu ungeliebter Arbeit gezwungen werden zu können, würde als großer Fortschritt wahrgenommen. Und die Kosteneinsparung in der staatlichen Bürokratie wird sicherlich als positiver Effekt gewertet.

Solche Überlegungen widersprechen nur scheinbar der geäußerten Befürchtung, die Einführung eines BGE würde die für unsere Berechnungen der Finanzierung verwendeten statistischen Daten (Fischer u. Pelzer 2006) zur Makulatur werden lassen. Denn die zu erwartenden Veränderungen im wirtschaftlichen Handeln der Menschen würden nicht nur von der Höhe des monatlichen BGE-Betrages abhängen sondern auch vom Beobachtungszeitraum. Erst nach frühestens 2 bis 3 Jahren könnten einigermaßen verlässliche Aussagen über die weitere Entwicklung gemacht werden.

12. 3. Das monatlich an jede (erwachsene) Person auszuzahlende BGE

Die Höhe des BGE-Betrags ist, wie oben mehrfach erwähnt, eine politische Entscheidung, Entscheidungsträger ist der Gesetzgeber, d.h. das Parlament. Der Betrag muss, wenn das Transfergrenzenmodell zur Anwendung kommt, regelmäßig (jährlich) auf seine Finanzierbarkeit überprüft werden, denn die Summe der persönlichen Einkommen (Ve und Vz) variiert von Jahr zu Jahr. Damit verändert sich auch der für die Finanzierung des Grundeinkommens zur Verfügung stehende Gesamtbetrag. Das Ausmaß dieser Veränderung verschiebt bei gleichbleibendem Grundeinkommen (BGE), konstantem Abgabesatz S I der Nettoempfänger und Zahl der Nettoempfänger Ne den Prozentsatz S II vom Bruttoeinkommen, den jeder Nettozahler in die BGE-Kasse abführen muss, nach oben oder nach unten. Eine solche ständige Veränderung der Abgabesätze der Nettozahler lässt sich aber in der Praxis nicht ohne Weiteres durchsetzen. Man muss auf andere Weise die jährlichen Schwankungen der Einkommen und damit der Abgabesätze in die Finanzierungskalkulation einbeziehen.

Zur Planungssicherheit der Bürger ist anzustreben, die Höhe des Grundeinkommens und den Abgabesatz S I der Nettoempfänger jeweils in einem gesetzlich vorgegebnen Zeitraum (z.B. eine Legislaturperiode) konstant zu halten. Auch eine Konstanz des Abgabesatzes der Nettozahler (S II) ist anzustreben. Das ist nur möglich, wenn die zentrale BGE-Behörde einen Finanzierungspuffer einplant, um nicht in Liquiditätsschwierigkeiten zu geraten. Ein brauchbares Instrument dafür wäre, bei der Berechnung von S II einen ständigen Überschuss vorzusehen. Das kann gelingen, indem bei der (jährlichen) Neuberechnung aus dem aktuellen Volkseinkommen (V) S II stets etwas zu hoch festgesetzt wird. Wenn hierfür beispielsweise ein Faktor von 0,2 Prozentpunkten vorgeschrieben wäre, bedeutet dies, dass 0,2 % mehr vom V in die BGE-Kasse fließen, als zur Auszahlung aller BGE an die Empfänger (B · Ne) gebraucht wird. Bei V = 1600 Mrd. Euro (2003) beispielsweise würde sich daraus ein Überschuss von 1600 Mrd. · 0,2 · 0,01 = 3,2 Mrd. Euro ergeben.

Ein analoges Vorgehen wird in Deutschland schon mit den Beiträgen zu den gesetzlichen Rentenkassen praktiziert. Laut Pressemeldung (Süddeutsche Zeitung 05. 02. 2009) erzielten die Rentenkassen 2008 einen Überschuss von 5,3 Mrd. € oder 3,1 % mehr als 2007. Damit beliefen sich die Rücklagen zum Jahresende 2008 auf 16,3 Mrd. €. Der Überschuss sollte nach Vorausberechnungen im Jahr 2009 sogar rund 18,1 Mrd. € betragen. Diese Prognose basierte auf den Annahmen des Jahreswirtschaftsberichts 2008.

Im Transfergrenzen-Modell wird ein Konzept für die sozialen Sicherungssysteme angestrebt, das ohne weitere Staatsverschuldung zu funktionieren hat. Die Einnahmen (S I, S II und A) und Ausgaben (B und K) der BGE-Kasse müssen dann genauestens registriert und das Ergebnis (Saldo) jährlich in der Presse publiziert werden. So wird die Transparenz des Systems gewährleistet, die Öffentlichkeit kann jederzeit Einsicht nehmen. Und es muss per Gesetz festgelegt sein, dass zum Ausgleich einer negativen Bilanz keine Staatsgelder (Steuern, außer vielleicht Mehrwertsteuer, siehe unten) in Anspruch genommen werden dürfen, auch nicht in Form von Krediten. Jede Verlustrechnung der BGE-Kasse muss durch eine entsprechende Erhöhung von S II oder eine Herabsetzung von B ausgeglichen werden. Die Co-Finanzierung durch Entnahmen aus dem Staatshaushalt (Parameter A) ist zwar prinzipiell möglich, bedarf aber ebenso einer strengen politischen Entscheidung und der jährlichen Berechnung wie die Höhe des Grundeinkommens und die nötigen Abgaben.

In der Transparenz der Finanzierung und der Verteilung des Grundeinkommens liegt ein erheblicher Vorteil gegenüber dem derzeitigen System der sozialen Sicherung. Ein jeder kann erkennen, in welchem Umfang wer zur Finanzierung beiträgt und wie die Gelder umverteilt werden. Das erhöht die Bindung der Bürger an das Gemeinwesen und das Vertrauen in politische Entscheidungen.

Schließlich sei hier noch einmal darauf hingewiesen, dass im BGE-System die Sozialbürokratie gegenüber heute ganz erheblich vereinfacht und damit auch preiswerter würde. Wenn man bedenkt, dass in Deutschland neuerdings alle Bürger – von der Geburt bis zum Tod – über eine persönliche Steuernummer zur ständigen Erfassung ihrer Einkommen und Einkünfte beim Finanzamt bzw. bei der zentralen Finanzbehörde der Bundesrepublik registriert sind, wird man diese Vereinfachung durch ein BGE-System erkennen. Die Finanzämter müssten dann die Daten aus der Einkommensstatistik einerseits an die BGE-Kassen und andererseits an die zentrale Finanzbehörde weiterleiten. Bei den ersteren wird zunächst nach Altersgruppen (unter 18 und über 18 Jahre) aufgeteilt. Alle über 18 erhalten von dort monatlich das BGE. Das Finanzamt selbst unterteilt aufgrund seiner laufenden Kenntnisse zur Brutto-Einkommensverteilung in BGE-Nettoempfänger und Nettozahler und meldet diese Daten an die BGE-Kasse zurück. Dort wird vom Bruttoeinkommen jedes BGE-Empfängers der Betrag seines persönlichen S I bzw. S II rechnerisch ermittelt und, wie bei der Einkommensteuer als Sozialabgabe einbehalten. Weil sich dieses Bruttoeinkommen aber aus mehreren Teilbereichen, wie Erwerbseinkommen, Altersbezügen (Renten, Pensionen etc.) Vermögenserträgen, Mieteinnahmen zusammensetzt, kann das praktische Procedere zur Auszahlung des BGE hier nicht im Einzelnen besprochen werden. Besonders mit Blick auf das Ausland (z.B. EU) ist das auch gar nicht möglich und kann schon deshalb nicht Ziel dieser Schrift sein. Es bleibt Aufgabe der zuständigen Experten in der Finanzverwaltung, hier den richtigen und möglichst unkomplizierten Weg zu finden.

Ein solches Vorgehen ist im Computer-Zeitalter möglich und kostensparend.

12. 4 Übergang von heute auf morgen: BGE statt Hartz IV

Erprobungen der Funktionsfähigkeit des BGE-Konzepts, wie in Abschnitt 12.3 beschrieben, würden keiner großen „wissenschaftlichen Begleitung" bedürfen, wie sie in Deutschland beim „Einstiegsgeld" und beim „Kombilohn" durchgeführt wurde. Anders als dort liegt dem BGE-Konzept zunächst ein denkbar einfacher Gedankengang zugrunde: BGE statt HARTZ IV. Nicht das steuerliche Existenzminimum (SEM, 2008: 645 Euro mtl.) könnte dann zunächst die untere Grenze des BGE-Betrags sein, sondern der Hartz IV-Regelsatz (2008: 347 Euro mtl.) oder geringfügig darüber. Die Aufstockung zu ALG II kann bleiben wie bisher. In diesem Fall würde sich beim Übergang von Hartz IV zum BGE zunächst nichts ändern außer dass der Zwang zur Erwerbsarbeit entfällt. Wer mit 347 € zufrieden ist und damit leben kann, behält seine Entscheidungsfreiheit bezüglich Art und Entlohnung der eventuell aufzunehmenden Arbeit. Denn wer mehr will (oder braucht) aber keine Lohn-Arbeit findet, kann wie heute bei der zuständigen Behörde zusätzliche Hilfe / Unterstützung beantragen (z.B. ALG II) oder sich selbst, eventuell mit Hilfe einer Arbeitsagentur, eine ihm / ihr genehme Erwerbsarbeit suchen. Gesellschaftlich betrachtet wäre damit ein erhebliches Maß an Menschenwürde gewonnen.

Gegen diesen Vorschlag kann nur die angeblich verbreitete „Hängematten-Mentalität" vorgebracht werden: Durch sie würden angeblich viele Menschen zum Nichtstun verleitet. Ein finanzielles Argument gegen eine solche Reform gibt es allerdings nicht. Das BGE-Konzept für Hartz IV Empfänger würde dank unserem Rechenmodell dem Staat vermutlich sogar weniger kosten als heute die Hartz IV Regelung mit ihrer notwendigerweise aufgeblähten Bürokratie. Dazu einige Beispiele in Tabelle 1. Sie zeigt die Entscheidungsfreiheit für den Gesetzgeber. Besonders interessant dabei ist die untere Hälfte der Tabelle, wo die Berechnung von S II immer Null ergibt. Dort kann man ablesen, wie sich die Ersparnisse durch Wegfall von Hartz IV, in die Spalte A (andere Geldquellen) übertragen, bei den Nettozahlern (S II) auswirken würden. Demnach könnten, berechnet mit den Zahlen des StBA von 2003, bereits 4 Mrd. € / Jahr aus der Hartz IV Kasse ein BGE in Höhe des Hartz IV Regelsatzes (347 Euro mtl.) ganz ohne S II finanzieren. Unser Rechenprogramm erlaubt, solches auch für jede andere Parameter-Kombination auf Tastendruck zu erfahren.

Praktisch verwertbar sind solche Rechnungen natürlich nur, wenn die Einkommensverteilung (StBA) aus dem aktuellen Jahr zur Verfügung steht. Sobald dann mit dieser Umstellung des Hartz IV -Regelsatzes auf ein BGE in gleicher Höhe Erfahrungen gesammelt sind (2 – 3 Jahre?), könnten durch successive Erhöhung des BGE bis auf das staatlich festgelegte Existenzminimum (SEM) auch die Kosten für das ALG II entsprechend abgesenkt werden. Wie und in welcher Höhe das im Einzelnen zu erreichen ist, zeigen ebenfalls die Beispiele in Tab. 1 oder besser noch der Tastendruck am PC. Dabei erfährt man auch, inwieweit sich in diesem Bereich mit den Einsparungen bei ALG II, eingesetzt in die Spalte A, die Belastung der Nettozahler durch S II reduzieren würde.

Der im HARTZ-Gesetz festgelegte Regelsatz von 347 Euro (2008) ist bundeseinheitlich. Er reicht im Allgemeinen nicht zum Leben (Essen, Kleidung und Wohnung). Das Existenzminimum liegt in Deutschland bei etwa 600 bis 800 Euro mtl., weshalb der Regelsatz meist in Form von ALG II zu diesem Betrag aufgestockt werden muss. Der individuelle Bedarf kann nur durch Einzelprüfung festgesellt werden, ein enormer Verwaltungsaufwand, der zudem von den Betroffenen oft als menschenunwürdig empfunden wird (Bedürftigkeitsprüfung bis ins kleinste Detail). Außerdem ist dieser Bedarf regional unterschiedlich, Stadt / Land, West / Ost. Im BGE-Konzept nach unserem Modell ist Ähnliches nicht vorgesehen. Es orientiert sich am Grundfreibetrag in der Einkommensteuer, z.Z. (2008) 635 Euro mtl. (1 SEM) und gilt bundeseinheitlich. Das wäre etwa so viel wie heute HARTZ IV-Regelsatz und ALG II zusammen. Wir schlagen auch für das BGE eine bundeseinheitliche Regelung vor. Erst wer damit nachweislich nicht existieren kann, muss sich einer Bedürftigkeitsprüfung unterziehen. In ihr wird festgestellt, wie viel in dem speziellen Fall vom Staat (nicht aus der BGE-Kasse!) noch zugezahlt werden muss.

Diese Vorschläge für den Übergang von HARTZ IV / ALG II zum BGE beinhalten demnach zwei Stufen, nämlich vom Hartz IV Regelsatz, zum BGE in derselben Höhe und später von diesem BGE zum (steuerlichen) Existenzminimum. Besonders die zweite Umstellung könnte einen größeren administrativen Aufwand erfordern und außerdem eine gewisse Unsicherheit mit sich bringen bezüglich der diversen psychologischen, gesellschaftlichen und wirtschaftlichen Folgen. Diese Unsicherheit lässt sich jedoch vermindern, wenn man den zweiten Schritt in weitere Stufen unterteilt. Sobald mit dem Übergang Hartz IV → BGE in derselben Höhe genug Erfahrungen gesammelt sind, wird das BGE auf einen Betrag noch unterhalb von 1 SEM erhöht und dort vielleicht 2 – 3 Jahre belassen. Auch in dieser Phase kann dann im Einzelfall durch staatliche Hilfe auf ALG II Niveau aufgestockt werden. Am Ende dieser Zwischenphase wäre die (politische) Entscheidung zu treffen, ob das BGE nun bundesweit endgültig auf 1 SEM angehoben wird und damit die Bedürftigkeitsprüfungen entfallen.

13. Ausblick und künftige Entwicklung

Die Vision eines „Bedingungslosen Grundeinkommens" (BGE) muss, um in der politischen Wirklichkeit anzukommen, mehrere Voraussetzungen erfüllen: Nennung des Geldbetrages, der als BGE pro Person gezahlt werden soll, Kenntnis der Geldquellen für seine Finanzierung und – nicht zuletzt – seine Anwendbarkeit auch außerhalb der Bundesrepublik Deutschland, da ein nationaler Alleingang einer derart durchgreifenden Sozial- und Gesellschaftsreform z.B. in der EU nicht ohne Weiteres erlaubt sein wird.

Setzen wir die Reformidee hier an die erste Stelle. In Deutschland, und wohl auch anderswo, herrscht bei vielen Menschen die Vorstellung, dass „wer nicht arbeitet, soll auch nicht essen". Diese Aussage hat im kapitalistischen Zeitalter seine Wirkkraft verloren. Immer mehr Menschen schöpfen aus angespartem Eigentum wie Aktien, Immobilien, Spareinlagen etc. ein ständiges Einkommen in Form von Dividenden, Zinsen, Mieten u.s.w., das ihnen ein Leben ohne Erwerbsarbeit ermöglicht. Dass sie trotzdem arbeiten (Erwerbsarbeit für Geld, unbezahlte Sozialarbeit für die Ehre), lässt darauf schließen, dass „Arbeit" ein Grundbedürfnis der Menschen in unserem Kulturkreis ist. Sie sollte daher nicht einer strengen bürokratischen Kontrolle unterworfen sein, Beispiel Hartz IV. Zumindest, wenn es um die Existenz, d.h. um das Existenzminimum geht, sollten alle Bürger unseres Landes gleich gestellt sein, die Reichen wie die Armen, ob sie einer Erwerbsarbeit nachgehen (nachgehen können) oder nicht. Und man denke nur an die vielen noch arbeitsfähigen Rentner, denen ihr Einkommen (eben die Rente) bedingungslos gewährt wird, die Lebensgrundlage bildet.

Das ist das ethische Anliegen der Vision eines Bedingungslosen Grundeinkommens. Es sollte zunächst nicht mehr sein, als für die Absicherung der Existenz notwendig ist: Nahrung, Kleidung und Wohnung („ein Dach über dem Kopf"). Wer nachweislich mehr zum Überleben braucht, sollte bei der zuständigen Behörde einen Antrag auf zusätzliche Leistungen stellen können. Wie hoch der Geldbetrag zur Absicherung der Existenz anzusetzen ist, kann vom Staat relativ einfach ermittelt werden. Anders beim sog. „kulturellen Existenzminimum", das in der Bevölkerung sehr unterschiedlich diskutiert wird, meist unter ideologischen Gesichtspunkten.

Das staatlich ermittelte Existenzminimum ist im Sinne des BGE keine starre Größe. Bei Veränderungen der Wirtschaftsleistung werden in der Regel etliche Sozialleistungen des Staates nachjustiert oder die Steuereinnahmen durch sie anders belastet. Für das BGE nach dem TG-Modell gilt im Grunde dasselbe: Ändert sich die Summe aller Bruttoeinkommen, so ergibt die Rechnung nach Gl. 3 veränderte Werte für die Belastung der Einkommen oberhalb der Transfergrenze (Nettozahler). Und weil die Bruttoeinkommen der Bürger bei den Finanzämtern ständig bekannt sind (inklusive der im Voraus geschätzten), kann beim BGE die Höhe von S II und wahlweise von S I, B oder A praktisch jederzeit ohne Verzögerung entsprechend verändert werden. Damit entfällt die Notwendigkeit einer Kreditaufnahme durch die BGE-Kasse zur Erfüllung der eingegangenen Verpflichtungen ohne WENN und ABER. Diese Variabilität zeichnet das TG-Modell vor allen anderen bisher bekannt gewordenen BGE-Finanzierungs-Modellen aus.

Ein Grundeinkommen (basic income), zumal ein bedingungsloses Grundeinkommen (BGE, unconditional basic income) ist eine schon sehr alte Vision aus der Sozialethik. In der einschlägigen Fachliteratur wird meist der Philosoph *Thomas Morus* (1477 – 1535, Lordkanzler von England 1529 – 1532) zitiert. In dessen Werk *Utopia* wird ein Grundeinkommen zumindest für die Bürger Englands begründet und gefordert. Aber die Zeit war damals für ein solches noch lange nicht reif. Erst die industrielle Revolution der Neuzeit hat begründeter Weise das Interesse an einer Sozialreform diesen Ausmaßes aufkeimen lassen. In den Jahren des 2. Weltkriegs trat die Britin Lady Rhys-Williams 1942 mit dem Vorschlag einer *credit tax movement* an die Öffentlichkeit, konnte sich damit jedoch trotz ihres Oberhausmandats gegen ihre politischen Gegner nicht durchsetzen. Der erste erfolgversprechende Versuch gelang 1962 dem späteren Nobelpreisträger Milton Friedman in den USA mit seinem Vorschlag einer *Negativen Einkommensteuer* (kurz Negativsteuer, negative income tax, NIT), für die sich sogar der damalige Präsident der USA begeistern ließ und 1968 regionale Feldversuche über je 3 Jahre in acht Bundesstaaten anordnete. Diese Studie ergab jedoch nicht die erwarteten positiven Ergebnisse, wohl weil die vielen soziologisch-wissenschaftlichen Begleituntersuchungen unzureichend geplant und organisiert waren (René Weber 1991). Die Idee einer NIT wurde daraufhin von der US-Regierung zunächst nicht weiter verfolgt. Aber in Deutschland griff sie Wolfram Engels mit Joachim Mitschke auf, um sie hier als *Bürgergeld* in die wissenschaftliche und politische Diskussion zu bringen (Mitschke 1985). Diese Autoren schwächten den Begriff „Grundeinkommen" ab, indem sie den Zusatz *bedingungslos* radikal strichen und in ihrem Konzept die Bürgergeldempfänger einer strengen Bedürftigkeitsprüfung unterwerfen wollten, ähnlich der heute bei HARTZ IV vorgeschriebenen. Die Freie Demokratische Partei (FDP) griff Mitschkes Vorschlag auf und setzte das „Bürgergeld" in ihr Wahlprogramm zur Bundestagswahl 1994. Ohne Erfolg. Dann hatte die FDP als einzige das Bürgergeld im Jahr 2009 wieder im Wahlprogramm, diesmal mit noch verschärfter Bedürftigkeitsprüfung. Eine Realisierungs-Chance in Konkurrenz zu den bestehenden Sozialgesetzen Hartz IV, ALG II etc. ist allerdings nicht zu erkennen.

Bei so vielen Denkansätzen und auch schon praktischen Erprobungen muss die Frage erlaubt sein, warum die Idee eines Grundeinkommens immer wieder scheitert, obwohl sie gerade in den letzten Jahren speziell in Deutschland von einer ständig wachsenden Anhängerschaft gefordert wird (im Dezember 2009 unterschrieben über 50 000 Bürger eine Petition an den Bundestag, man möge dort das Thema Grundeinkommen ernsthaft diskutieren).

Bei derart zahlreichen Initiativen (es können hier bei weitem nicht alle genannt werden) wäre interessant zu wissen, warum für das BGE in der Bevölkerung, besonders bei Politikern bisher noch kein größeres Interesse festzustellen ist. Haben wir es in diesem Land mit dem schon vielfach in der Presse beklagten Desinteresse an neuen, innovativen und weiterführenden Ideen zu tun? Beim BGE muss man zwischen dem Ziel und dem Weg dorthin unterscheiden. Der letztere kann für die Politik sehr mühsam sein, mit all den neuen Gesetzen, die geschaffen werden müssten. Es kann aber beim BGE auch das Ziel selbst sein, das in seinem Gesamtkonzept die politische Innovationsfreude hemmt. Denken wir darüber etwas nach.

In Kapitel 1, Abb. 1 wurde gezeigt, wo überall in der Gesellschaft bei einem BGE mit Veränderungen gerechnet werden kann / muss. Ob diese Änderungen in ihrer Summe akzeptiert, befürwortet oder abgelehnt werden, ist für viele Menschen schwer zu entscheiden. Zwei Hauptargumente gegen das BGE sind leicht zu verstehen aber wenig durchdacht: Zum einen behaupten – oder besser meinen – viele, dass (die) BGE-Empfänger der Wirtschaft als Erwerbstätige verloren gehen, weil bei ihnen die Notwendigkeit, Geld zu verdienen, entfällt. Zum anderen wird selbst von Finanz- und Sozialexperten in die Diskussion geworfen, ein BGE sei auf keinen Fall finanzierbar, weshalb Debatten darüber, ob JA oder NEIN zum BGE, sinnlose Zeitverschwendung seien. Beide Behauptungen sind, schlicht gesagt, falsch. Sie bringen aber zum Ausdruck, dass das BGE auf zwei Säulen ruht, einerseits der psychologisch-gesellschaftlichen und andererseits der finanziellen. Daher sind zu seiner Verwirklichung zwei unterschiedliche Denkweisen oder Denkansätze erforderlich, die am Ende für das BGE zusammengefügt werden müssen.

Die Erfahrung aus ungezählten Diskussionen über das BGE haben gezeigt, dass eine solche Art, die Sache zu behandeln, zumindest im deutschen Sprachraum nur wenigen Menschen geläufig ist. Diesen Hemmschuh näher zu erläutern, würde den Rahmen der hier vorliegenden Arbeit sprengen. Eines sei jedoch bemerkt: beide Themenbereiche (Säulen) und ihre Zusammenführung zum „Bedingungslosen Grundeinkommen in der Praxis" müssen, sollen sie schließlich erfolgreich sein, nach wissenschaftlichen Kriterien diskutiert werden, d.h. nur Tatsachen, nicht Meinungen dürfen das Feld beherrschen.

In der hier vorgelegten Arbeit zur Finanzierung des BGE wird darauf verzichtet, einen bestimmten Betrag für das monatlich auszuzahlende BGE an jeden erwachsenen Bürger zu nennen oder auch nur zu empfehlen. Das steuerliche Existenzminimum (SEM) dient nur als gesetzlich gesicherter Anhaltspunkt dafür, mit wie viel man bei Diskussionen über das Rechenmodell realistischerweise für den Buchstaben B einsetzen sollte, um einen ersten Eindruck von seiner Arbeitsweise zu erhalten. Man muss sich dann aber auch im Klaren sein, dass es sich bei diesem Betrag bereits um eine erste, gedanklich-politische Entscheidung handelt. Wenn dann in weiteren Rechnungen der Betrag B probeweise nach oben oder unten verändert wird und der PC (Computer) jeweils auf Tastendruck das veränderte Ergebnis liefert, nämlich die Belastung der Nettozahler durch die Sozialabgabe S II, bekommt man allmählich ein Bild von dem, was politisch durchsetzbar sein könnte. Auf dieselbe Weise kann man mit den Größen S I, A und K (variable Parameter) verfahren und erhält eine schier unendliche Zahl von Kombinationsmöglichkeiten mit dem sich jeweils daraus ergebenden S II. Jedes dieser Beispiele enthält als eine Rechengröße das BGE (Buchstabe B). Erst dann sollten Überlegungen darüber folgen, bei welcher Parameterkombination ein politisch vertretbares B in Anwendung kommen könnte.

Darin einzubeziehen sind natürlich die volkswirtschaftlich bedingten Schwankungen in der Einkommensverteilung, die in unseren Rechnungen die Zahlenbasis für alles ist. Sie bildet in den mathematischen Gleichungen einen weiteren (versteckten) variablen Parameter, der jedoch nicht frei wählbar ist. In der hier vorliegenden Arbeit kamen die vom Statistischen Bundesamt bereitgestellten Daten aus dem Jahr 2003 zur Anwendung – die jedoch unvollständig sind, da sie die hohen Einkommen nicht berücksichtigen. Für genaue Berechnungen müssten diese Daten anders und in kleineren zeitlichen Abständen als nur alle vier Jahre erhoben werden.

Erst, wenn man auf diese Weise die aktuellen Kosten eines BGE in geeigneter Höhe und seine Finanzierung nach dem TG-Modell ermitteln kann, ist eine Abgleichung mit der anderen Säule angebracht, die Wunschvorstellungen bekommen eine realistische Grundlage. Hier beginnt der schwierigste Teil der Entscheidungsfindung FÜR oder GEGEN ein BGE. Denn die zahlreichen Auswirkungen, die es in der Gesellschaft und in der Wirtschaft haben kann, hängen jede für sich vom Betrag des BGE ab, der monatlich ausbezahlt werden soll bzw. der als Sozialabgabe S I oder S II vom Einkommen eines jeden einbehalten werden müsste. Um sich hier ein richtiges Bild zu verschaffen, scheint es angebracht, selbst am eigenen PC eine aufsteigende Reihe von BGE-Beträgen dahingehend zu überprüfen. Dabei sind interessante Ergebnisse zu erwarten. Siehe z.B. Tabelle 2a und 2b.

Sofern die Daten zur Einkommensverteilung regelmäßig (z.B. jährlich) auf dem neuesten Stand gehalten werden, gibt es bezüglich BGE-Finanzierung für die Öffentlichkeit keine Dunkelziffern mehr wie bei der für den Laien unkontrollierbaren Steuer. Die Bürger könnten laufend durch die Presse über diese Daten und über die Berechnung des jeweiligen B bei konstantem S II oder des veränderten S II bei konstantem B informiert werden. Das dürfte für die allgemeine Akzeptanz dieses Systems und für den sozialen Frieden einen nicht zu unterschätzenden Einfluss haben.

Die Höhe des BGE-Betrags, der monatlich an jeden Bürger auszuzahlen ist, wird auch bei Kenntnis der Kosten immer noch ein Streitpunkt zwischen Befürwortern und Gegnern eines BGE bleiben. Die vorgebrachten Argumente bilden oft ein ehrenvolles Eintreten für ein soziokulturelles Existenzminimum (höherer Geldbetrag als beim SEM). Andere schlagen das Gegenteil vor, ein möglichst niedriges BGE, weil sich die Menschen sonst lieber „in die soziale Hängematte legen" (sog. Sozialschmarotzer) statt zu arbeiten. Gegen die Forderung nach möglichst hohem Grundeinkommen ist im TG-Modell ein Schutzmechanismus enthalten: Die, welche ein höheres BGE vorschlagen oder gar durchdrücken wollen, liegen wohl fast alle mit ihrem eigenen Einkommen im Bereich über der TG. Bei Anhebung des BGE-Betrags steigt somit automatisch auch ihre eigene Sozialabgabe S II (siehe Gl. 3). Sie müssen daher die Erhöhung des BGE mitfinanzieren. Das ist der eigentliche Grund, warum in unseren Rechnungen der Geldbetrag von S II proportional mit dem Einkommen steigt und nicht degressiv fällt. Wenn beispielsweise für ein bestimmtes BGE S II 5 % beträgt, dann sind eben für ein Monatseinkommen von 3000 € ebenso 5 % (hier 150 Euro) zu entrichten wie bei einem von 2 Millionen Euro, wo 5 % 100 000 € sind. Gibt man dem S II dagegen einen progressiven Anstieg, so läuft das ganze Konzept Gefahr, von Personen mit höherem oder höchstem Einkommen abgelehnt zu werden.

Mit diesen Überlegungen befinden wir uns bereits teilweise auf der anderen Säule der BGE-Diskussion, wo es u.a. auch um Gerechtigkeit geht. Es ist zu erkennen, wie in unseren Rechnungen bei der Festlegung des BGE-Betrags zwei Gruppen von Bürgern berücksichtigt werden müssen, die Nettoempfänger und die Nettozahler: Die ersteren wollen / sollen möglichst viel bekommen, die anderen wollen / sollen möglichst wenig bezahlen. Hier muss aus Gerechtigkeitsgründen, ohne politische Ideologie, ein Gleichgewicht angestrebt werden. Ein philosophisches Thema.

Am Ende dieser Betrachtungen über die mögliche Zukunft des sozialen Konzepts „Bedingungsloses Grundeinkommen" seien noch zwei offene Fragen zum TG-Modell für die Finanzierung angeschnitten.

Zum einen sollte in solchen Diskussionen rechtzeitig geklärt werden, welche Einsparungen oder Mehrbelastungen ein derartiges BGE für den öffentlichen Haushalt bringen würde. Zum anderen ist wohl noch unklar, welche Rolle es beim Ausbruch einer Finanz- und Wirtschaftskrise wie der von 2008 / 2009 spielen könnte.

Das Einsparungspotenzial eines BGE nach unserem Modell würde in Deutschland Bund, Länder und Gemeinden erreichen, je nachdem welche Sozialleistungen betrachtet werden. Deren gibt es viele. Es wird hier nicht versucht, sie alle aufzuzählen und einzeln zu überprüfen, wie das bei (den) anderen BGE- (oder Bürgergeld-) Finanzierungsmodellen immer wieder getan wird. Solche Erhebungen führen ausnahmslos in die Irre. Denn sie sind Momentaufnahmen, die als Grundlage schon bei der nächstfolgenden Änderung des jeweiligen Gesetzes (Novellierumg) ihre Aussagekraft für derartige Berechnungen verlieren. Wie sollen beispielsweise Daten von heute für die Zeit nach der Einführung des BGE in drei oder vier Jahren Gültigkeit haben? Größere Sicherheit für die Planungen in den öffentlichen Finanzen erhält man , wenn man von allen Sozialleistungen, die bei der Finanzbehörde als „Bruttoeinkommen" zählen, den Prozentsatz S I bzw. S II (z.B. 50 % bei den Nettoempfängern, 5 % bei den Nettozahlern) für die BGE-Kasse einbehält, den anderen Teil aber den BGE-Empfängern ausbezahlt Auf diese Weise würden im BGE-System die immensen Verwaltungskosten von Hartz IV und den anderen Sozialleistungen erheblich gesenkt, und das BGE-System könnte kurzfristig auf gesetzliche Änderungen bei den öffentlichen Sozialausgaben reagieren.

Nach dem TG-Modell ist das BGE weitgehend unabhängig vom Staatshaushalt, es basiert auf der Summe der privaten Bruttoeinkommen der Bevölkerung. Ihr Durchschnittswert wird mit staatlichen Stützungsmaßnahmen in relativ engen Grenzen gehalten, auch in so massiven Finanz- und /oder Wirtschaftskrisen wie der von 2008/2009. Da die BGE-Behörde sehr rasch auf Veränderungen dieser Daten reagieren kann, haben wir hier ein echtes Solidarsystem, in welchem Reiche und Arme gleichermaßen von solchen Veränderungen betroffen sind.

Inwieweit derart weitgehende Folgerungen aus unseren mathematischen Gleichungen (Algorithmen) auch für andere Staaten gezogen werden können, hängt von den dortigen Finanzverwaltungen ab.

Zum Schluss dieser Abhandlung über die Finanzierung eines BGE sei noch ein ganz persönliches Anliegen des Autors als Hochschullehrer aufgezeigt und besprochen. Im Kapitel 9 (BGE und Berufsausbildung) wurde schon kurz angesprochen, wie das BGE die Ausbildung junger Menschen an den Hochschulen und Universitäten fördern und zur Aufweichung der heute noch weitgehend ungleichen sozialen Situation der Studierenden, zumindest in Deutschland, beitragen würde.

In den letzten Jahren ist in unserem Land bei politischen Diskussionen in steigendem Maß von Defiziten bei der Berufsausbildung der jungen Menschen die Rede. Folglich fordern die dafür Verantwortlichen mehr Geld, um die Hochschulen und Universitäten räumlich, personell und in der Ausstattung vergrößern zu können. Vergessen werden dabei in der Regel die Belange der vielen Studierenden aus unterprivilegierten Familien, die das Geld für ein Studium nicht aufbringen können. Sie sehen sich gezwungen, beim Bafög-Büro Unterstützung zu beantragen, oder – vornehmlich in den Ferien – eine Erwerbsarbeit anzunehmen, meist sogar eine Tätigkeit weitab von ihrem Studienfach. Und das, während ihre Kommilitonen und -innen aus wohlhabenden Familien die Ferien für Erholung und / oder für die empfohlene Verinnerlichung des gebotenen Studienstoffs nutzen können. Hier kommt ein soziales Ungleichgewicht großen Ausmaßes zwischen arm und wohlhabend zutage, das von Außenstehenden kaum gesehen wird. Denn wer kann sagen, wie viele Abiturienten allein deshalb auf ein anschließendes Studium verzichten und wie viele Studierende aus materieller Not ihr Studium abbrechen, weil sie die Doppelbelastung Studium und Erwerbsarbeit oder den bürokratischen Aufwand zur Erlangung eines Stipendiums nicht durchhalten. Man kann in diese Überlegungen auch noch die neuerdings in etlichen Bundesländern eingeführten Studiengebühren dazu nehmen und muss schließlich einsehen, dass hier ein eklatanter Unterschied zwischen arm und wohlhabend besteht, der mit der Forderung nach Gleichheit vor dem Gesetz und Bewahrung der Menschenwürde nicht zu vereinbaren ist.

Damit nicht genug. Die politisch ständig angemahnte Bildungsoffensive betrifft nicht nur die eigentlich Studierenden. Erfahrene Hochschulpädagogen sehen darüber hinaus auch die berufliche Situation nach erfolgreich beendetem Studium. In vielen Fächern besteht die Möglichkeit, eine Doktorarbeit anzuschließen, d.h. zu promovieren. Eine Promotion bringt den Betreffenden zusätzliches Wissen und Fertigkeiten, die in der späteren beruflichen Tätigkeit enorm zu Buche schlagen. Aber wie werden Promotionen finanziert, beim Promoventen wie beim betreffenden Hochschulinstitut? Die bezahlten Promotionsplätze sind knapp und nur mit großem administrativen Aufwand zu bekommen. Ohne Bezahlung des Lebensunterhalts für nicht bemittelte Bewerber sind sie für diese jedoch uninteressant. Denn der Jungakademiker soll nicht nur arbeiten, sondern auch leben. Nur wenige bringen die Kraft auf, neben der unbezahlten wissenschaftlichen Arbeit auch noch mit einer meist fachfremden Erwerbsarbeit ihren Lebensunterhalt zu sichern. Viele intelligente junge Menschen gehen auf diese Weise der universitären Forschung verloren. Wo greift hier die viel beschworene „Bildungsoffensive"?

Ein BGE würde diesen Menschen nicht nur das Studium selbst, sondern den besonders begabten und interessierten unter ihnen darüber hinaus eine höher qualifizierte Weiterbildung an der Universität ermöglichen. Sie wären finanziell denen gleichgestellt, deren Eltern über die ganze Zeit die Mittel dafür aufbringen können, u.z. ohne zeitliche Begrenzung. Gegenargumente wie „ewiger Student" auf Kosten anderer ziehen hier noch weit weniger als „Faulenzer" im unteren Einkommensbereich. Solche Menschen, die ein ganzes Studium durchgehalten haben, tendieren nicht zum faulenzen auf Kosten der Gemeinschaft, sondern eher zum Gegenteil.

Das zu der sozialen Gleichstellung der jungen Menschen auf oberstem Bildungsniveau. Ihnen auch noch zuzumuten, ihren Lebensunterhalt mit Hilfe eines „Studienkredits" bei einer Bank zu sichern, wie es seit einigen Jahren (von der Regierung!) empfohlen wird, kann man durchaus als Skandal bezeichnen. Und wer, wenn überhaupt, wird einen solchen Kredit für die Zeit nach erfolgter Promotion beanspruchen?

Was mit dieser sozialen Ungleichheit der Gemeinschaft an Fähigkeiten und Kreativität verloren geht, soll mit einem Blick auf verschiedene Studienfächer demonstriert werden. Da gibt es die Medizin und die Naturwissenschaften Chemie und Physik sowie die, welche vergleichsweise wenig von der Geldnot betroffen sind, da die Industrie an guten Nachwuchskräften interessiert ist. Die Forschungsaufgaben, die von dort an den Universitäten finanziell unterstützt werden (sog. Drittmittel für festgelegte Forschungsarbeiten), sind jedoch meist stark praxisorientiert. Freie erkenntnisorientierte Grundlagenforschung dagegen ist so kaum noch möglich. Biologen (Naturwissenschaftler) werden schon sehr viel weniger gebraucht und suchen nach erfolgtem Studium oft verzweifelt eine adäquate Stelle in ihrem Fach. Mathematiker dagegen haben bessere Chancen. Keine Probleme gibt es derzeit in den Ingenieurwissenschaften. Schlechte diesbezügliche Karten haben dagegen Absolventen der Geisteswissenschaften wie z.b. Philosophie, Geschichte, Literatur, Geologie u.a.m. sowie die Fächer an den Kunsthochschulen wie z.b. Musik, Malerei, Bildhauerei und Graphik. Dazu könnte viel gesagt werden, was jedoch den hier zur Verfügung stehenden Platz sprengen würde.

Aber nicht nur die Studenten und Absolventen müssen heute mit dieser sozialen Ungleichheit und ihrer Negierung durch die dafür verantwortlichen Politiker leiden. Gerade sie könnten durch neue Erkenntnisse bedeutende Innovationen hervorbringen. Auch die Professoren sind davon in ihrer Arbeit beeinträchtigt. Ihre Aufgabe heißt Lehre und Forschung, nicht Lehre allein. In der Forschung haben sie die Wahl zwischen zwei grundsätzlich zu unterscheidenden Arbeitsweisen: erkenntnisorientierte oder praxisorientierte Grundlagenforschung. Erstere wird von vielen als ehrenvoller angesehen, weil man hier mehr den eigenen Ideen nachgehen kann, während die praxisorientierte Grundlagenforschung der Anwendbarkeit verpflichtet ist. Letztere genießt in unserer kapitalistisch geprägten Zeit viel mehr finanzielle Unterstützung aus der Wirtschaft, von Stiftungen und selbst von Geldgebern wie der Deutschen Forschungsgemeinschaft (DFG). Und auch die Universitäten geben, wenn überhaupt, Forschungsgelder eher für Themen, die einen wirtschaftlichen Nutzen versprechen. Auf der Strecke bleiben erkenntnisorientierte Themen, weil ihre Ergebnisse nicht vorhersehbar sind. Hier würde ein BGE für viele junge interessierte Wissenschaftler (Beispiel „Postdok") eine für ihre spätere berufliche Tätigkeit wichtige Grundlage schaffen. Aber eben nur, wenn sie in ihrer Zeit der Grundlagenforschung existentiell abgesichert waren. Der in den 1950er Jahren bekannte Chemie-Professor Karl Freudenberg empfahl sogar in einem Buch mit Ratschlägen für Studierende seinen und allen anderen Studenten seines Fachs, wenn irgend möglich, eine solche Postdokzeit an der Universität zu absolvieren. Sein Credo war: Während dieser Tätigkeit werden Kenntnisse vermittelt, die man in seinem Fach eigentlich erst dabei, unbelastet von Examenssorgen, richtig kennen lernt. Viele Studierende haben damals, sofern sie es sich leisten konnten, diesen Ratschlag sehr zum eigenen Nutzen befolgt. Auch der damals mittellose Autor dieses Textes hat mit Hilfe eines halbjährlich zu verlängernden, niedrigen Stipendiums der Landesregierung diese Erfahrung gemacht. Mit einem allgemeinen BGE anstelle des Stipendiums hätte sich diese Forschungstätigkeit für den Postdok ebenso wie für den Professor sehr viel einfacher gestaltet.

Eine besondere Stellung bei diesen Betrachtungen nehmen die Studienfächer in der Sparte Kunst ein. Da kann man, wenn man Glück hat, eine Stelle als Lehrer (Studienfach Pädagogik) bekommen, als Orchestermusiker, als Schauspieler an einem Theater u.s.w. finden. Aber die Vorstellungen des jungen Menschen sind oftmals andere: freier Künstler, freie Künstlerin. Bei ihnen schlagen die Unterschiede zwischen arm und reich / wohlhabend, also finanziell unabhängig, besonders zu Buche. Wer kann sagen, wie viele geniale

Werke hier schon gar nicht erst begonnen werden konnten, weil das nackte Überleben Vorrang hatte?

Es ist somit zu erwarten, dass erst ein BGE-System, das auch den Kindern aus finanzschwachen, nicht wohlhabenden Familien dieses Staates eine ihren Fähigkeiten gemäße Ausbildung ohne Inanspruchnahme der üblichen Sozialbürokratie garantiert. Und die allenthalben geforderte und gepriesene Bildungsoffensive würde endlich in Gang kommen. Langfristig wäre das für den Staat nicht zum Nachteil, im Inneren wie nach außen.

Zum Abschluss noch einmal ein Blick auf die Daten des Statistischen Bundesamtes. Die genaueren und vollständigeren sind dort nicht publiziert, auch nicht im Internet. Fachleute können dort Daten gezielt anfordern unter Angabe des Projekts. Aber auch schon unsere aus den Jahren 1998 und 2003 waren teuer und schwierig zu bekommen, neuere Daten (z.B. von 2009) erhält man noch schlechter, verspätet oder gar nicht. Nur um mit den Parametern in den beschriebenen Gleichungen zu „spielen", werden Normalbürger sich das in der Regel nicht leisten wollen. Und wie steht es mit Eurostat für die anderen Länder in der EU?

14. Literatur

Althaus Dieter (2007): Das Solidarische Bürgergeld. Sicherheit und Freiheit ermöglichen Marktwirtschaft in: Das Solidarische Bürgergeld. Analysen einer Reformidee. Herausgeber Michael Borchard, Lucius & Lucius Stuttgart

Bissels Winfried und Pelzer Helmut (1998): Allgemeine mathematische Beschreibung des Einkommensteuertarifs und seine Umgestaltung zur Finanzierung eines Allgemeinen Grundeinkommens (Bürgergeld). In H. Pelzer (Hsg.): Bürgergeld nach dem Ulmer Modell. An Unconditional Basis Income. S. 37 – 56, RV-Verlag Ulm microedition

Blaschke Ronald (2005): Garantierte Mindesteinkommen. Modelle von Grundsicherungen im Vergleich. Hg. Dr. Bettina Musiolek, Evangelische Akademie Meißen.

BVG (1992): Entscheidungen des Bundesverfassungsgerichts 87, Beschluss vom 25.09.1992 -2 BvL, 5, 8, 14/91

Einstiegsgeld (2001): Einstiegsgeld in Baden-Württemberg. Zwischenbilanz. Herausgeber: Sozialministerium Baden-Württemberg, August 2001

Fischer Ute, Erich Richter und Helmut Pelzer (2006): Das Transfergrenzen-Modell zur Finanzierung eines bedingungslosen Grundeinkommens. Möglichkeiten und Grenzen. The Transfer Limit Model to finance an unconditional basic income. Potentialities and Limitations. http://www.uni-ulm.de/uni/fak/zawiw/content/forschendes_lernen/gruppen/fl/buergergeld/literatur

Fischer Ute und Helmut Pelzer (2007): Die Finanzierung eines bedingungslosen Grundeinkommens über das Transfergrenzen-Modell. Möglichkeiten einer Einbeziehung der Konsumsteuer. In G. W. Werner, André Presse (Hg), Grundeinkommen und Konsumsteuer. Impulse für *Unternimm die Zukunft*. S. 154 – 172, Universitätsverlag Karlsruhe

Fischer Ute und Helmut Pelzer (2009): Ein bedingungsloses Grundeinkommen ist bezahlbar und wirtschaftspolitisch sinnvoll. Die Finanzierung über das Transfergrenzen-Modell. In Hartmut Neuendorff, Gerd Peter u. Frieder O. Wolf (Hrsg), Arbeit und Freiheit im Widerspruch? Bedingungsloses Grundeinkommen – ein Modell im Meinungsstreit. S. 114 – 134 VSA:Verlag Hamburg,

Friedman Milton (1962): Capitalism and Freedom, University of Chicago Press. Deutsche Ausgabe: Kapitalismus und Freiheit, Seewald Verlag Stuttgart, 1971

Gabler Wirtschaftslexikon (1997), 14. Auflage, Gabler-Verlag, Wiesbaden

Kersting Wolfgang (2000):Theorien der sozialen Gerechtigkeit. Dort besonders Abschnitt IV, S. 172 – 279. Verlag J. B. Metzler, Stuttgart, Weimar

Kombilohn (2002): Mainzer Kombilohn-Modell wird bundesweit eingeführt. http://www.tec.world.de/infor/Kombilohn.cfm

Kumpmann Ingmar (2006): Das Grundeinkommen – Potentiale und Grenzen eines Reformvorschlags. Wirtschaftsdienst 86, 595-601

Lietmeyer Volker (1984): Aufbau des deutschen Einkommensteuertarifs. Steuer & Wirtschaft 2/1984, 133 – 140

Mitschke Joachim (1985): Steuer- und Transferordnung aus einem Guß. Nomos Verlagsgesellschaft, Baden-Baden

Mure, Thomas (1516): Utopia, Harmondswort: Penguin (1978), zitiert nach van Parijs (1995)

Nell-Breuning, Oswald von (1979): Soziale Sicherheit

Parijs van, Philippe (1995): Real Freedom for All. What (if anything) can justify capitalism? Claredon Press, Oxford

Pelzer Helmut (1994): Bürgergeld. Rechenmodell zur aufkommensneutralen Finanzierung eines allgemeinen Grundeinkommens. Stöffler & Schütz, Stuttgart

Pelzer Helmut (1999): Finanzierung eines Allgemeinen Basiseinkommens („Bürgergeld"). Ansätze zu einer kombinierten Sozial- und Steuerreform. Shaker-Verlag Aachen, 38 Seiten

Pelzer Helmut (2002): Basisgeld statt Kombilohn für den Niedriglohnbereich. Ein erster Schritt zum garantierten Grundeinkommen? Shaker-Verlag Aachen, 41 Seiten

Pelzer Helmut (2003): Bedingungsloses Grundeinkommen: Realisierung nicht ohne Finanzierung, Abstract und Vortragsmanuskript in Jutta Allmendinger (Hg.), Entstaatlichung und soziale Sicherheit. Verhandlungen des 31. Kongresses der Deutschen Gesellschaft für Soziologie in Leipzig 2002. Verl. Leske + Budrich

Pelzer Helmut und Ute Fischer (2004 a): Bedingungsloses Grundeinkommen: Wie viel? Woher? Das Transfergrenzen-Modell. http://www.grundeinkommen.de Dort unter „Netzwerktreffen 11.12. und 12.12.2004 in Berlin", „Referate"

Pelzer Helmut und Ute Fischer (2004 b): „Bedingungsloses Grundeinkommen für alle" – Ein Vorschlag zur Gestaltung und Finanzierung der Zukunft unserer sozialen Sicherung http://www.uni-ulm.de/uni/fak/zawiw/content/forschendes_lernen/gruppen/fl/buergergeld/literatur

Pelzer Helmut und Peter Scharl (2005): Bedingungsloses Grundeinkommen: Seine Finanzierung nach einem erweiterten Transfergrenzen-Modell. Europäische Perspektiven. http://www.uni-ulm.de/uni/fak/zawiw/content/forschendes_lernen/gruppen/fl/buergergeld/vorschlag2.html

Rawls John (1979): Eine Theorie der Gerechtigkeit (engl. Originalausgabe: A Theory of Justice 1971), deutsch in suhrkamp taschenbuch 1979

Rhys-Williams J. Lady (1942): Something to look forward to, McDonald 1943, zitiert nach R. Weber 1991, siehe dort

Strengmann-Kuhn Wolfgang (2007): Finanzierung eines Grundeinkommens durch eine „Basic Income Flat Tax". In G. W. Werner, André Presse (Hg), Grundeinkommen und Konsumsteuer. Impulse für *Unternimm die Zukunft*. S. 140 – 152, Universitätsverlag Karlsruhe

Weber René (1991): Existenzsicherung ohne Fürsorge? Verlag Paul Haupt Bern und Stuttgart, 83 Seiten

Werner Goetz, W. und André Presse, Hrsg. (2007): Grundeinkommen und Konsumsteuer. Impuls für Unternimm die Zukunft. Universitätsverlag Karlsruhe

Werner Goetz, W. und Adrienne Goehler (2010): 1000 € FÜR JEDEN. Freiheit, Gleichheit, Grundeinkommen. Econ Verlag Berlin

15. Anhang

Beschreibung des Rechenprogramms in Excel

Im Folgenden wird versucht, die hier zur Anwendung kommenden Rechenschritte so genau zu beschreiben, dass sie von jedermann am PC (üblicher Heimcomputer) nachvollziehbar sind und somit dort auch auf Richtigkeit überprüft werden können. Zur Anwendung kam und kommt das Rechen- und Kalkulationsprogramm Excel von Microsoft. Es ist Teil von WINDOWS und wird mit diesem ausgeliefert. Zu seiner Nutzung für Rechnungen mit dem Transfergrenzen-Modell sind Grundkenntnisse im Umgang mit Excel erforderlich.

Unser PC-Programm „TG-Modell" besteht aus zwei Teilen, die getrennt im PC als Rechenprogramme eingegeben werden. Den Ausgang und die Basis von allem (Teil 1) bilden die statistischen Daten zur Einkommensverteilung (monatliche Bruttoeinkommen) in dem betreffenden Land. Für Deutschland erhält man sie vom Statistischen Bundesamt (StBA). Die Zahlen sind Stichproben in Stufen zu 200 €, erhalten durch Befragung von etwa 60 000 Haushalten, vom StAB hochgerechnet auf die Gesamtbevölkerung von etwa 82 Mio. Einwohner. In dieser Datei ist die Zahl der Haushalte aufgelistet, immer in der jeweiligen Einkommensstufe mit Angaben zur Zahl der Erwachsenen und der Kinder. Durch Umrechnung (ebenfalls vom StBA) der 200 € Bereiche in Mittelwerte hat man die Basisdaten für Rechnungen mit unserer Gleichung 3.

Als erstes wurden von uns für das Jahr 2003 die Kinder (bis 18 Jahre) mit je 150 € / Monat Kindergeld herausgerechnet und der verbleibende Betrag jeweils durch die Zahl der Erwachsenen dividiert. Das resultiert in den Bruttoeinkommen pro Erwachsener pro Monat, wiederum unterteilt in Stufen zu 200 €. Um daraus die Summe der Bruttoeinkommen der so veränderten Einkommensstufen zu erhalten, werden diese mit der jeweils dazu gehörigen Zahl der Erwachsenen multipliziert.

Als nächstes werden nun im PC die Zahlen nach steigenden Einkommen z.B. in Spalte A angeordnet. So können später die Rechnungen auf die Summen der Einkommen unterhalb der TG (Nettoempfänger) bezogen werden.

Mit dieser Aufarbeitung der statistischen Daten ist es nun möglich, im Excel unter Verwendung der WENN-Funktion jeder beliebigen Transfergrenze die Einkommensbereiche < TG und > TG zuzuordnen. Das geschieht in zwei eigenen Spalten (z.B. in E und H, beginnend mit Zeile 42) Die Befehle lauten dann in E 42 =WENN(B42<TG;B42;0), in H 42 =WENN(B42<TG;0;B42). TG steht hier in der Zelle, die das Ergebnis der Berechnung der Transfergrenze enthält. Liegt diese beispielsweise in C 21, so steht in der WENN-Funktion anstelle von TG die Zellenbezeichnung C 21. Auf diese Weise erhält man in der Spalte E alle Einkommen bis TG aufgelistet, die anderen sind Null, in der Spalte H sind alle Einkommen oberhalb der TG aufgelistet, die darunter sind Null. Die Additionen (Summenzeichen) ergeben am Ende der Spalte E die Zahl für V_e, die in der Spalte H die von V_z. In gleicher Weise verfährt man mit der Zahl der Erwachsenen in zwei weiteren Spalten und erhält N_e und N_z.

Der 2. Teil der Rechendatei wird praktischer Weise oberhalb des ersten platziert. Er enthält die Zellen mit den variablen Parametern B, S I, K und A, die Zellen für die Rechenergebnisse von TG (=B·100/SI) sowie S II und schließlich die Zwischenergebnisse Ne, Nz, Ve und Vz, darunter die Summierungen von N und V. Die Gesamt-Rechenformel für S II steht in einer weiteren Zelle.

Oberhalb von allem empfiehlt es sich, in den ersten 5 bis 7 Zeilen Titel und Untertitel der Dateien anzubringen. Neben der Rechendatei in Höhe der Zellen mit den variablen Parametern haben wir eine Tabelle der Umrechnungen von Millionen- und Milliardenbeträgen in die Schreibweise des Excel-Programms eingerichtet: 1 Mio. = 1E+06, 10 Mio. = 1E+07 etc. Das erleichtert die Eingabe der Zahlen in die Zelle für A (andere Geldquellen) in der Computersprache. Auch das Lesen der Zwischenergebnisse für Ne, Nz, Ve und Vz, die der Rechner automatisch sofort weiter verwendet, wird dadurch erleichtert. Im Algorithmus zur Berechnung von S II, der sich in einer beliebig anderen Zeile befindet, werden diese Zwischenergebnisse wie variable Parameter verwendet und müssen daher dort mit ihrer Zellenbezeichnung eingegeben werden (Ne heißt dort beispielsweise F364, Vz heißt G364 u.s.w.). Das Ergebnis (S II) kann schließlich in einer eigens dafür eingerichteten Ergebniszelle aufgeführt werden.

Sobald die beiden Teile der Rechendatei auf diese Weise platziert sind, kann mit den Rechnungen begonnen werden, indem man in die Zellen für die variablen Parameter B, S I, K und A geeignete

Zahlen eingibt und das Ergebnis bei S II abliest.

16 Nachwort

Wörtliche Wiedergabe der Publikationen von Ingmar Kumpmann (2006), Burkhard Müller (2009) und Thomas Straubhaar (2010) zum Thema „Bedingungsloses Grundeinkommen". Diese Beiträge in der Presse entsprechen unserer ethischen Vorstellung zum Thema Grundeinkommen.

16. 1 Das Grundeinkommen – Potenziale und Grenzen eines Reformvorschlags

Ingmar Kumpmann in *Wirtschaftsdienst*, 86. Jahrgang, Heft 9,

September 2006, S. 595-601.

Spätestens seit Bundespräsident Köhler Sympathien für diese Idee geäußert hat[1,] ist der Vorschlag eines Grundeinkommens in der allgemeinen wirtschafts- und sozialpolitischen Diskussion angekommen. Unter den Ökonomen hat sich insbesondere Straubhaar dafür stark gemacht[2].

Ein Grundeinkommen ist nach Vanderborght und Van Parijs „ein Einkommen, das von einem politischen Gemeinwesen an alle seine Mitglieder ohne Bedürftigkeitsprüfung und ohne Gegenleistung ausgezahlt wird"[3]. Das Grundeinkommen ist somit ein Transfer, den ausnahmslos jeder Einwohner vom Staat erhält und der durch die eigenen (zu versteuernden) Markteinkommen aufgestockt wird. Häufig wird zusätzlich gefordert, das Grundeinkommen solle ein existenzsicherndes Niveau haben. Die folgende Diskussion wird zeigen, dass es tatsächlich den Großteil seiner intendierten Zwecke nur erfüllen kann, wenn es mindestens existenzsichernd ist.

Die Frage, wie ein solches Einkommen ausgestaltet wird, und insbesondere in welchem Verhältnis es zum bestehenden Steuer- und Sozialsystem stehen soll, wird von seinen Anhängern nicht einheitlich beantwortet[4]. In der Regel wird davon ausgegangen, dass das Grundeinkommen vorhandene Leistungen der Mindestsicherung (wie z.B. das Arbeitslosengeld II oder die Sozialhilfe) ersetzen soll. Weitere steuerfinanzierte Transfers wie das Kindergeld, das Wohngeld oder die Ausbildungsförderung gehen im Grundeinkommen auf. Außerdem tritt es an die Stelle des Grundfreibetrags bei der Lohn- und Einkommensteuer. Da die Existenzsicherung durch das Grundeinkommen gewährleistet ist, wird das hinzuverdiente eigene Markteinkommen vom ersten Euro an besteuert. Bei der Mehrzahl der Erwerbstätigen müssten die zu zahlenden Steuern natürlich das empfangene Grundeinkommen übersteigen. Wird es mit der Steuerschuld verrechnet, entsteht ein System „negativer Einkommensteuer", wie es bereits in den 1960-er Jahren z.B. von Friedman oder Tobin vorgeschlagen wurde:[5] Erwerbslose und Geringverdiener erhalten netto eine Auszahlung, Bezieher mittlerer und höherer Einkommen müssen netto Steuern zahlen in dem somit integrierten Steuer- und Grundeinkommenssystem. Ob das Grundeinkommen in dieser Weise sofort mit den zu zahlenden Steuern verrechnet wird („negative Einkommensteuer" im engeren Sinne des Wortes) oder separat neben das Steuersystem gestellt wird („Sozialdividende" oder Grundeinkommen im engeren Sinne des Wortes), ist dabei eher als verwaltungstechnische Frage einzustufen.

Meistens wird vorgesehen, mit dem Grundeinkommen nicht nur steuerfinanzierte Transfereinkommen, sondern auch Leistungen der Sozialversicherung zu ersetzen. Dies ist konsequent, da auch die Arbeitslosen- und die Rentenversicherung zu einem wesentlichen Teil der finanziellen Existenzsicherung dienen. Soll die Sicherung des Existenzminimums in dem einen Transfer „Grundeinkommen" zusammengefasst werden, dann sind diese beiden Zweige der Sozialversicherung teilweise durch das Grundeinkommen zu ersetzen.

Dr. Ingmar Kumpmann ist wissenschaftlicher Mitarbeiter am Institut für Wirtschaftsforschung Halle·

[1] Vgl. H. Köhler, Interview in der Zeitschrift Stern 01/2006 vom 29.12.2005.

[2] Vgl. T. Straubhaar: Mindestsicherung statt Mindestlohn, in: Wirtschaftsdienst, 86. Jg. (2006), H. 4, S. 210 f.

[3] Y. Vanderborght, P. Van Parijs: Ein Grundeinkommen für alle? Geschichte und Zukunft eines radikalen Vorschlags, Frankfurt, New York 2005, S. 14.

[4] Für einen Überblick über verschiedene Konzeptionen vgl. R. Blaschke: Garantierte Mindesteinkommen, Modelle von Grundsicherungen und Grundeinkommen im Vergleich, Meißen, Dresden 2005 und .

[5] Vgl. M. Friedman (1962): Capitalism and Freedom, Chicago 1962; vgl. J. Tobin: The case for an income guarantee, in: The Public Interest Nr. 4 (1966), S. 31-41.

Der noch weiter reichende Vorschlag sieht vor, die gesamte Sozialversicherung durch das Grundeinkommen voll zu ersetzen[6]. Insbesondere bei der Rentenversicherung wirft dieser Vorschlag weit reichende Folgefragen auf. Denn da die meisten Menschen sich im Alter nicht mit einem Grundeinkommen zufrieden stellen würden, wäre die Ergänzung des Grundeinkommens im Alter durch private Vorsorge notwendig. Dies würde die weitgehende Umstellung der Alterssicherung vom Umlageverfahren auf ein privat zu organisierendes Kapitaldeckungsverfahren bedeuten. Vorteile und Nachteile des Kapitaldeckungsverfahrens (wie das Problem der Systemumstellung, mögliche Effekte für die Sachkapitalbildung oder die erhöhte Anfälligkeit der Alterssicherung gegenüber Kapitalmarktrisiken) werden hier nicht weiter diskutiert.

Über die Frage, welche Steuern für die Finanzierung des Grundeinkommens in Frage kommen, gehen die Meinungen weit auseinander. So wird sowohl eine Finanzierung über ein verändertes und mit dem Grundeinkommen integriertes System der Lohn- und Einkommensteuer diskutiert[7] als auch die Finanzierung ausschließlich über indirekte Steuern vorgeschlagen[8].

Wieder andere Modelle verbinden das Grundeinkommen mit diversen verteilungs-, umwelt- und entwicklungspolitischen Zielen und schlagen deshalb Finanzierungsbeiträge durch Vermögens-, Luxus-, Ökosteuern oder eine Tobin-Steuer vor[9].

Argumente für das Grundeinkommen

Eine Vielzahl von Argumenten wird für das Grundeinkommen vorgetragen. Für viele ist die radikale Vereinfachung der sozialen Sicherungssysteme wichtig, durch die es möglich wird, Verwaltungskosten einzusparen und die innere Schlüssigkeit des Systems zu verbessern.

Mitschke kritisiert beispielsweise, dass im derzeitigen System oft viele steuer- und sozialpolitische Maßnahmen unübersichtlich nebeneinander stehen und zu wenig aufeinander abgestimmt sind[10]. Oft wird ein sozialpolitisches Ziel mit mehreren sowohl steuerlichen als auch sozialpolitischen Instrumenten verfolgt, was hohe Verwaltungskosten verursacht und dazu führen kann, dass das Gesamtergebnis keiner klaren Systematik mehr folgt. Beispielsweise wird für die Garantie eines Existenzminimums die Sozialhilfe bzw. das Arbeitslosengeld II ebenso eingesetzt wie der Grundfreibetrag der Einkommensteuer oder Leistungen der Sozialversicherung. In der einen Sozialleistung „Grundeinkommen" könnte eine Vielzahl von bislang voneinander getrennten steuerfinanzierten Transfers und Steuervergünstigungen zusammengefasst werden. Das Grundeinkommen könnte Sozialhilfe, Arbeitslosengeld II, Ausbildungsförderung, Kindergeld, Wohngeld, eine Vielzahl von sozialpolitisch motivierten Steuervergünstigungen einschließlich dem Grundfreibetrag der Einkommensteuer und Teile von Zweigen der Sozialversicherung ersetzen und so zu einer einfacheren und in sich schlüssigeren Form sozialer Absicherung führen. Mit dieser Zusammenfassung vieler Instrumente in einem würde das System transparenter. Außerdem könnten in der Steuer- und Sozialverwaltung erhebliche Mittel eingespart werden.

Wird das Grundeinkommen zum Ersatz beitragsfinanzierter Sicherungssysteme eingesetzt, dann führt dies zu einem weiteren Argument: der Entlastung des Produktionsfaktors Arbeit von den Kosten der sozialen Sicherung[11]. Da derzeit die soziale Sicherung zu einem großen Teil durch Sozialversicherungsbeiträge (mit Beteiligung der Arbeitgeber) finanziert wird, verteuert der Sozialstaat direkt die Beschäftigung von Arbeitskräften und trägt so zur unfreiwilligen Arbeitslosigkeit bei. Umgekehrt hat in diesem System der Beschäftigungsrückgang einen doppelt negativen Effekt auf die soziale Sicherung: eine schrumpfende Finanzierungsgrundlage und einen erhöhten Bedarf für die Finanzierung der Lohnersatzleistungen der Arbeitslosen.

Insoweit das Grundeinkommen an die Stelle der Sozialversicherung tritt, wird die bestehende Beitragsfinanzierung durch eine Steuerfinanzierung ersetzt, sodass auch andere Produktionsfaktoren an den Kosten beteiligt werden und soziale Leistungen sich nicht mehr unmittelbar als Verteuerung des Faktors Arbeit auswirken. So könnte das Grundeinkommen die Nachfrage der Unternehmen nach Arbeitskräften erhöhen. Wie wirkungsvoll dies wäre, hängt von verschiedenen Faktoren ab. Bei einer Finanzierung durch eine erhöhte Lohn- und Einkommensteuer oder durch indirekte Steuern würden die Kosten des Produktionsfaktors Arbeit nur dann sinken, wenn die Bruttolöhne nicht entsprechend erhöht würden. Für den Gesamteffekt auf die Arbeitskosten ist daher entscheidend, inwieweit die Lohnpolitik auf Steuererhöhungen mit entsprechend höheren Tarifabschlüssen reagiert. Außerdem ist wichtig, wie sich das Grundeinkommen selbst als neuer Einkommensbestandteil der Arbeitnehmer auf die Lohnpolitik auswirkt. In jedem Fall würde jedoch die Steuerfinanzierung dazu führen, dass durch die Beteiligung anderer Einkommensarten und -quellen (insbesondere Kapitaleinkommen) an der Finanzierung die Belastung des Faktors Arbeit gemindert würde. Generell wäre mit dem Grundeinkommen der direkte Zusammenhang von sozialer Sicherung und Arbeitskosten gelockert.

Während das Grundeinkommen deshalb von vielen als Hilfe bei der Schaffung von Arbeitsplätzen angesehen wird, ist es für andere die Konsequenz aus dem anhaltenden Misserfolg bei der Bekämpfung der Erwerbsarbeitslosigkeit. Einerseits bleibt die Reduzierung

---

6 Vgl. T. Straubhaar, a.a.O.; vgl. Hamburgisches WeltWirtschaftsInstitut (HWWI): Grundeinkommen sichert die Nachhaltigkeit des Sozialstaats und sorgt für mehr Beschäftigung in Deutschland, Pressemitteilung vom 20.4.2006.

7 Vgl. H. Pelzer, U. Fischer: „Bedingungsloses Grundeinkommen für alle" – Ein Vorschlag zur Gestaltung und Finanzierung der Zukunft unserer sozialen Sicherung, Diskussionspapier Ulm, Dortmund 2004.

8 Vgl. G. Werner: Was bringt ein bedingungsloses Grundeinkommen?, in: B. Suchy (Hrsg.): Was jetzt zu tun ist, Berlin 2005, S. 41 ff.

9 Vgl. beispielsweise R. Welter: Solidarische Marktwirtschaft durch Grundeinkommen, Konzeptionen für eine nachhaltige Sozialpolitik, Aachen 2003.

10 Vgl. J. Mitschke: Abstimmung von steuerfinanzierten Sozialleistungen und Einkommensteuer durch Integration, in: M. Rose (Hrsg.): Integriertes Steuer- und Sozialsystem, Heidelberg 2003, S. 463-479.

11 Vgl. T. Straubhaar, a.a.O.; vgl. Hamburgisches WeltWirtschaftsInstitut (HWWI): a.a.O.

der unfreiwilligen Arbeitslosigkeit notwendigerweise ein zentrales wirtschaftspolitisches Ziel. Andererseits stellt sich aber bei anhaltend hoher Erwerbsarbeitslosigkeit parallel die sozialpolitische Frage, wie die Teilnahme von Arbeitslosen am gesellschaftlichen Leben und ihre Existenzsicherung garantiert werden können, ohne durch hohe Lohnnebenkosten das Problem selbst noch mehr zu verschärfen. Solange der gesellschaftliche Zusammenhalt nicht durch die Schaffung neuer Erwerbsarbeitsplätze garantiert werden kann, muss er durch soziale Maßnahmen zur Absicherung der Arbeitslosen selbst erhalten werden. Durch seine höhere Verlässlichkeit trägt das Grundeinkommen besser als das derzeitige an enge Bedingungen geknüpfte Arbeitslosengeld II zur gesellschaftlichen Integration der Arbeitslosen bei. Daher ist das Grundeinkommen für viele seiner Befürworter auch die Antwort auf die Frage, wie angesichts anhaltender hoher Arbeitslosigkeit Armut wirksam und dauerhaft verhindert werden kann.

Konsequenz geänderter Problemlage

Das Grundeinkommen ist für viele seiner Anhänger eine Konsequenz der Veränderung der Problemlagen, auf die der Sozialstaat eine Antwort zu geben hat. Früher stand die Absicherung der Industriearbeiterschaft im Mittelpunkt sozialpolitischer Bemühungen. Folglich wurden soziale Sicherungssysteme geschaffen, die an die Probleme von Erwerbstätigen anknüpfen. Bis heute ist in Deutschland der lebenslang vollzeiterwerbstätige Familienvater das Leitbild der Sozialversicherung. Dieses Leitbild passt jedoch in die neuere Zeit immer weniger. Ursache für soziale Probleme sind heute nicht mehr so sehr die Zugehörigkeit zur Industriearbeiterschaft, sondern sind immer mehr Langzeiterwerbslosigkeit, unstete Erwerbsbiografien, die Zunahme der nicht-sozialversicherungspflichtigen Beschäftigungsverhältnisse, mangelnde Bildung, die schwindende Bedeutung traditioneller Familienstrukturen und eine wachsende Zahl von Alleinerziehenden. Indem ein steuerfinanziertes System – im Gegensatz etwa zur Renten- oder Arbeitslosenversicherung – die soziale Unterstützung nicht von vorangegangenen langen Beitragszeiten abhängig macht, kann es besser als die Sozialversicherung diese Probleme lösen. In dem Maße, in dem soziale Probleme dieser Art an Bedeutung gewinnen, muss die steuerfinanzierte Existenzsicherung ihren Charakter einer in Ausnahmefällen gewährten Nothilfe aufgeben und stattdessen zur sozialstaatlichen Normalität werden.

Viele Anhänger des Grundeinkommens versprechen sich zugleich eine Aktivierung im Bereich nicht-marktvermittelter Arbeiten. Eine große Zahl gesellschaftlich notwendiger Arbeiten wird jenseits der Märkte geleistet, insbesondere in der Familie (z.B. bei der Kindererziehung oder der Pflege) oder im ehrenamtlichen Bereich. Im bestehenden System werden solche Tätigkeiten nicht als der Erwerbsarbeit gleichwertige Arbeiten anerkannt. Die finanzielle Absicherung durch ein Grundeinkommen würde die Verrichtung solcher Arbeiten deutlich fördern und so zur Wohlfahrt der Gesellschaft beitragen[12]. Dem steht jedoch die Nutzeneinbuße der stärker belasteten Steuerzahler gegenüber.

Während die meisten Menschen darin übereinstimmen, dass der Sozialstaat grundsätzlich eine Umverteilung von Reich zu Arm vornehmen soll (wobei das Ausmaß umstritten bleibt), entspricht das bestehende System insbesondere in Deutschland dieser Norm nur unzureichend. Da die Bezieher sehr hoher Einkommen der Sozialversicherungspflicht nicht unterliegen und die Ärmsten der Gesellschaft mangels eigener Einzahlungen oft keine oder zu geringe Ansprüche aus der Sozialversicherung haben, betreibt die Sozialversicherung – als Kern des deutschen Sozialstaats – vor allem eine aufwändige Umverteilung innerhalb der Mittelschichten[13]. Steuerfinanzierte Leistungen der Sozialhilfe bzw. des Arbeitslosengelds II erhalten die ökonomisch Schwächsten der Gesellschaft nur dann, wenn sie nicht durch Angehörige bzw. Mitglieder der Bedarfsgemeinschaft unterstützt werden können. Dieser Vorrang familiärer Unterhaltsansprüche bedeutet jedoch, dass bei der Hilfe für die Ärmsten weitgehend innerhalb derselben sozialen Schicht umverteilt wird. Demgegenüber würde das Grundeinkommen die Beteiligung aller an den Kosten sicherstellen, die Wohlhabenden einbeziehen und die Ansprüche der Schwächsten der Gesellschaft verbessern, insgesamt also die Umverteilung zielgenauer (und zugleich transparenter) gestalten.

Oft wird argumentiert, der Sozialstaat, der die Folgen der Arbeitslosigkeit auffangen wolle, sei genau dadurch selbst ein Verursacher zusätzlicher Arbeitslosigkeit, weil er dazu führe, dass die Arbeitsaufnahme sich finanziell nicht hinreichend lohne. Wird in einer Gesellschaft eine Mindestsicherung durch staatliche Sozialleistungen garantiert, dann stellt sich die Frage, ob dadurch nicht Leistungsanreize insbesondere bei denjenigen Arbeitskräften fehlen, deren Produktivität so niedrig ist, dass sie nur für ein Lohneinkommen unterhalb der Mindestsicherung reicht. Führen eigene niedrige Erwerbseinkommen dazu, dass die Leistungen der Mindestsicherung um den selbst hinzuverdienten Betrag gesenkt werden, dann fehlt der finanzielle Anreiz, einer Erwerbstätigkeit nachzugehen („Armutsfalle")[14.] Zwar verbleiben auch bei fehlenden finanziellen Anreizen viele andere Motive, sich um Arbeit zu bemühen, wie insbesondere die Aussicht, über einen Einstieg ins Erwerbsleben langfristig in höhere Einkommensbereiche aufzusteigen oder die gesellschaftlich dominante Arbeitsethik. Allerdings bleiben die Anreize im Niedriglohnbereich systematisch niedriger als in anderen Einkommensbereichen. Es wäre daher wünschenswert, die Garantie einer Mindestsicherung mit der Möglichkeit, von eigenen Hinzuverdiensten immer einen größeren Teil behalten zu dürfen, zu kombinieren. Dies gelingt, indem das Grundeinkommen ausnahmslos jedem Gesellschaftsmitglied zusteht und alle eigenen Markteinkommen mit Steuersätzen deutlich unter 100 Prozent belastet werden. Die Struktur einer negativen Einkommensteuer, wie sie durch das Grundeinkommen hergestellt werden kann, ist zumindest grundsätzlich ein Lösungsansatz des Problems.

Behebung eines Staatsversagens

Die finanziellen Leistungsanreize sind beim derzeitigen Arbeitslosengeld II gering. Durch eigene Erwerbstätigkeit können zwar 100 Euro monatlich anrechnungsfrei hinzuverdient werden. Alle darüber hinaus gehenden Hinzuverdienste werden aber zu mindestens 80

---

[12] Vgl. R. Welter, a.a.O.

[13] Vgl. B. Külp: Umverteilung zugunsten der nicht ganz Armen und zu Lasten der nicht ganz Reichen?, in: E. Dürr (Hrsg.): Beiträge zur Wirtschafts- und Gesellschaftspolitik, Festschrift für Th. Pütz, Berlin 1975, S. 227-241.

[14] Vgl. J. Tobin: a.a.O.

Prozent auf das Arbeitslosengeld II angerechnet. Da die finanziellen Arbeitsanreize so schwach sind, wird hier das Prinzip „Workfare" angewendet, bei dem nur derjenige Anspruch auf die Grundsicherung hat, der seine Arbeitsbereitschaft durch kontrollierbare Eigenbemühungen nachweist und keinen ihm angebotenen Arbeitsplatz ablehnt. Lehnt ein Arbeitsloser einen Arbeitsplatz oder die Teilnahme an einer arbeitsmarktpolitischen Maßnahme ab, wird ihm die Grundsicherung gekürzt und im Wiederholungsfall u.U. ganz gestrichen. Die Gewährung des gesellschaftlich definierten Existenzminimums wird hier also an die Bedingung der Arbeitsbereitschaft gekoppelt.

Um dieses Prinzip anwenden zu können, muss jedoch in einem ersten Schritt die Arbeitsfähigkeit bestimmt werden, da nur bei Arbeitsfähigen die Grundsicherung an die Bereitschaft zur Arbeit geknüpft werden kann. In Deutschland fallen auch nur Arbeitsfähige in den Zuständigkeitsbereich der Arbeitsagenturen. Folglich müssen staatliche Behörden erst die Arbeitsfähigkeit und dann die Arbeitsbereitschaft überprüfen. Die Forderung, Arbeitsfähigkeit und Arbeitsbereitschaft durch Behörden testen und feststellen zu lassen, spielt auch in der wissenschaftlichen Literatur eine wichtige Rolle. Beispielsweise sind entsprechende Überprüfungen auch in den Konzepten der „Aktivierenden Sozialhilfe" des ifo Instituts[15] und der „Magdeburger Alternative"[16] vorgesehen.

Allerdings setzt dies einen überhaupt anwendbaren und hinreichend klar umrissenen Begriff der „Arbeitsfähigkeit" voraus. Wenn man indes bedenkt, dass gerade in der Gruppe der Langzeitarbeitslosen viele Personen sind, die auf Grund vielfältiger persönlicher Probleme nur unter bestimmten spezifischen Umständen arbeiten können, dann wird klar, dass hier erhebliche Abgrenzungsschwierigkeiten auftreten müssen.

Hinzu kommt, dass gerade die Arbeitsunwilligen ein Motiv haben, sich als arbeitsunfähig auszugeben. Folglich werden die Behörden immer Grund zum Misstrauen haben, wenn ein Arbeitsloser sich als arbeitsunfähig bezeichnet. Obwohl Arbeitsunwilligkeit eher ein Randphänomen zu sein scheint, ist sie in Gestalt von Faulheitsdebatten in der Öffentlichkeit sehr präsent. Schon heute leiden Arbeitslose unter einer Atmosphäre des allgemeinen Verdachts. Ob in einem solchen Umfeld aber die Behörden die tatsächlich Arbeitsunfähigen treffsicher erkennen können, kann bezweifelt werden. Oft sind gerade Arbeitsunfähige zugleich diejenigen, die im Umgang mit den Behörden am ungeschicktesten sind und gerade deshalb diese am wenigsten von ihrer Lage überzeugen können. Fehlentscheidungen der Behörden Behörden sind aus diesen Gründen unvermeidlich.

Solche Fehlentscheidungen bei der Prüfung der Arbeitsfähigkeit sind jedoch extrem problematisch, da sie dazu führen können, dass arbeitsunfähigen Personen die Grundsicherung gestrichen wird. Das bestehende System macht also die Gewährung des gesellschaft-

---

[15] Vgl. H.W. Sinn, C. Holzner, W. Meister, W. Ochel, M. Werding: Aktivierende Sozialhilfe: Ein Weg zu mehr Beschäftigung und Wachstum, ifo Schnelldienst 55 (2002), H. 9, Sonderausgabe; vgl. dieselben: Aktivierende Sozialhilfe 2006: Das Kombilohn-Modell des ifo Instituts, in: ifo Schnelldienst 59 (2006), H. 2, S. 6 ff.

[16] Vgl. R. Schöb, J. Weimann: Kombilohn: Die Magdeburger Alternative, in: Perspektiven der Wirtschaftspolitik Band 4 (2003), H. 1, S. 1 ff.; vgl. dieselben: Über Hartz IV hinaus, in: Wirtschaftsdienst 85. Jg. (2005), H. 7, S. 418-422.

lich definierten Existenzminimums davon abhängig, dass staatliche Behörden die Motive und Fähigkeiten von Menschen fehlerfrei prüfen und einschätzen können.

Der oft geforderte Test auf Arbeitsbereitschaft führt dazu, dass der Staat den Arbeitslosen Arbeitsplätze anbieten muss. Mangels ausreichend vieler Arbeitsplätze auf dem ersten Arbeitsmarkt erfolgt dies oft durch staatlich bewilligte Arbeitsplätze auf einem „zweiten Arbeitsmarkt", wie den sogenannten Ein-Euro-Jobs.[17] Als Ergebnis wird im Bereich gering qualifizierter Beschäftigung vielfach der Marktmechanismus durch staatliche Zuweisung auf staatlich kontrollierte Arbeitsplätze ersetzt. Es erscheint jedoch klar zu sein, dass bei staatlichen Arbeitszuweisungen die Abwägung von Nutzen und Kosten des Arbeitsverhältnisses für Arbeitgeber und Arbeitnehmer nicht in gleicher Weise gelingen kann, wie im Falle frei eingegangener Arbeitsverträge. Die staatlichen Tests auf Arbeitsfähigkeit und Arbeitsbereitschaft sind also fehlerbehaftet, bedrohen das Existenzminimum und erzeugen auf dem Arbeitsmarkt für gering Qualifizierte Ineffizienzen.

Das Grundeinkommen behebt dieses fatale Staatsversagen in radikaler Weise, indem die Überprüfung von Arbeitsfähigkeit und -bereitschaft keine Voraussetzung für die Garantie des Existenzminimums ist. Dadurch können nicht nur Kosten, die heute für die Kontrolle der Arbeitslosen anfallen, eingespart werden. Vor allem wird die Gefahr, dass der Staat arbeitsunfähigen Personen das Existenzminimum streicht, behoben. Wo das heutige System auf staatliche Kontrolle angewiesen ist, um die Menschen zur Arbeit zu motivieren, setzt das Grundeinkommen in seiner Struktur als negative Einkommensteuer auf marktvermittelte finanzielle Anreize.

Dieser Aspekt reicht in seiner Bedeutung jedoch über das ökonomische Argument hinaus: In einer liberalen Gesellschaft müssen staatliche Kontrollen der beschriebenen Art so weit wie möglich unterbleiben. Das Grundeinkommen stellt die bedingungslose Anerkennung des Existenzminimums für jeden dar. Seine Einführung ist somit auch ein gesellschaftspolitisches Anliegen.

Probleme der Finanzierung

Die Finanzierung ist als wesentliches Problem des Vorschlags anzusehen. Da das Grundeinkommen vorhandene Mindestsicherungssysteme, Teile der Renten- und Arbeitslosenversicherung sowie den Grundfreibetrag der Einkommensteuer ersetzen sollte, wird naheliegender Weise ein wesentlicher Finanzierungsbeitrag von den Einsparungen in eben diesen Bereichen erwartet. Die eingesparten Kosten[17] bei der Sozialhilfe, dem Arbeitslosengeld II, ggf. dem Kindergeld und der Ausbildungsförderung können zur Finanzierung des Grundeinkommens direkt herangezogen werdenInsoweit Leistungen der Renten- und Arbeitslosenversicherung durch das Grundeinkommen ersetzt werden, können die entsprechenden Sozialversicherungsbeiträge gesenkt, durch Steuern aufkommensneutral

---

[17] Da diese Arbeitsplätze nicht als Ersatz für reguläre Beschäftigungsverhältnisse eingesetzt werden dürfen, müssen staatliche Behörden außerdem kontrollieren, ob Ein-Euro-Jobber tatsächlich nur „zusätzlich" eingesetzt werden. Es dürfte den Behörden jedoch vielfach nicht gelingen, die Verdrängung regulärer Beschäftigung durch Ein-Euro-Jobs zu verhindern.

ersetzt und diese für das Grundeinkommen verwendet werden. Hinzu kommt die Möglichkeit, alle Erwerbseinkommen vom ersten Euro an zu besteuern, wenn das Existenzminimum durch das Grundeinkommen ohnehin garantiert ist und folglich nicht mehr durch einen Steuer-Grundfreibetrag geschützt werden muss.

Das Ausmaß des Finanzierungsproblems hängt von der Höhe und der genauen Ausgestaltung des Grundeinkommens ab. Für den Finanzbedarf sind neben der Höhe des normalen Grundeinkommenssatzes für Erwachsene auch die Höhe des Satzes für Kinder und die Behandlung von Familien und Lebenspartnerschaften wichtig.

Die Vorstellungen zur Höhe des Grundeinkommens reichen von dem Vorschlag, sich am derzeitigen Niveau der Sozialhilfe bzw. des Arbeitslosengeldes II zu orientieren bis zur Forderung, das Grundeinkommen solle „möglichst hoch" sein. Die Forderung nach einem „möglichst hohen" Grundeinkommen beruht auf dem Gerechtigkeitskonzept von Rawls[18]. Demnach ist eine gesellschaftliche Ordnung daran zu messen, wie es den am schlechtesten gestellten Gesellschaftsmitgliedern in ihr ergeht. Anzustreben ist danach die Einkommensverteilung, die für die Ärmsten nachhaltig am günstigsten ist. Einkommensunterschiede sind dabei sinnvoll, weil durch sie Leistungsanreize gesetzt werden, die zu einer hohen Produktion führen, die auch den Schwächsten der Gesellschaft nutzt. Eine völlige Gleichverteilung wäre in dieser Sichtweise deshalb abzulehnen, weil diese die Arbeitsanreize so stark reduzieren würde, dass auch die Bezieher der niedrigsten Einkommen Verluste erleiden würden.

Folglich sollte nach dieser Auffassung das Grundeinkommen das höchste Niveau haben, das unter Einbeziehung solcher Anreizwirkungen nachhaltig finanziert werden kann[19].

Berechnungen des Grundeinkommens

Ein finanzierungsneutrales Grundeinkommen ist Gegenstand in der Berechnung bei Straubhaar bzw. beim HWWI[20]. Wird die Gesamtheit aller heutigen direkten Sozialleistungen (einschließlich der Leistungen der Sozialversicherung) von 620 Mrd. Euro (Stand 2003) gleichmäßig auf die gesamte deutsche Wohnbevölkerung aufgeteilt, erhält jeder Einwohner ein Grundeinkommen in Höhe von 7525 Euro pro Jahr. Dies entspricht bei Alleinstehenden ungefähr der derzeitigen Sozialhilfe bzw. dem Arbeitslosengeld II. Das Gesamtausmaß der Umverteilung bleibt damit so groß wie heute. Ungeklärt ist in der

---

[17] Da diese Arbeitsplätze nicht als Ersatz für reguläre Beschäftigungsverhältnisse eingesetzt werden dürfen, müssen staatliche Behörden außerdem kontrollieren, ob Ein-Euro-Jobber tatsächlich nur „zusätzlich" eingesetzt werden. Es dürfte den Behörden jedoch vielfach nicht gelingen, die Verdrängung regulärer Beschäftigung durch Ein-Euro-Jobs zu verhindern.

[18] Vgl. J. Rawls: A Theory of Justice, London, Oxford, New York 1973 (Erstveröffentlichung 1971).

[19] Vgl. P. Van Parijs: Real Freedom for All. What (if anything) can justify capitalism? Oxford 1995, S. 38; sowie R. Ulmer: Arbeit und Freiheit. Wege aus der Krise der Arbeitsgesellschaft, Berlin 2001, S. 113.

[20] Vgl. Straubhaar, a.a.O.; vgl. Hamburgisches WeltWirtschaftsInstitut (HWWI): a.a.O.

Rechnung die Rolle der Krankenversicherung. Werden die Krankenversicherungsbeiträge von dem Grundeinkommen bezahlt, dann sinkt insbesondere bei Alleinstehenden das Grundeinkommen unter das derzeitige Sozialhilfe- (bzw. Arbeitslosengeld II-) Niveau. Wird dagegen die Gesundheitsversorgung durch zusätzliche staatliche Hilfen finanziert (indem z.B. das Grundeinkommen entsprechend aufgestockt wird), verursacht dies zusätzliche Kosten.

Problematisch ist an der Rechnung insbesondere, dass Erwerbstätige, die im bestehenden System eine Altersrente oberhalb des Grundeinkommens erwarten (also die meisten Normal- und Gutverdiener, soweit sie Mitglied in der gesetzlichen Rentenversicherung sind), in Straubhaars Modell ihren heutigen Rentenanspruch nur durch zusätzliche private Vorsorge erreichen können. Da für sie das Grundeinkommen die heutige Rente nur unvollkommen substituiert, sind zur Erreichung des bisherigen Rentenniveaus zusätzliche Vorsorgeaufwendungen notwendig, sodass für sie eine Zusatzbelastung entsteht. Diese Zusatzbelastung macht das Grundeinkommen teurer als in Straubhaars Überschlagsrechnung. Diese wenigen Überlegungen zu Straubhaars einfacher Rechnung (die nicht den Anspruch erhebt, ein im Detail durchgerechnetes Finanzierungsmodell zu sein) zeigen bereits eines: Es erscheint unvermeidlich, dass selbst ein bescheidenes Grundeinkommen, sofern es existenzsichernd sein soll, zusätzliche Kosten verursacht, also eine Ausweitung der Umverteilung erfordert.

Für das Ausmaß des Finanzierungsproblems sind die Höhe des Grundeinkommens, die primäre Einkommensverteilung und die Steuersätze wesentlich. Dabei müssen die Steuereinnahmen ausreichen, um – neben allen anderen Staatsausgaben – das Grundeinkommen selbst finanzieren zu können. Die sich daraus ergebenden Zusammenhänge von Höhe des Grundeinkommens und Steuersätzen werden von Pelzer, Fischer und Richter detailliert untersucht[21]. Dem Grundeinkommen stehen die zu zahlenden Steuern auf eigenes Markteinkommen gegenüber. Bei Beziehern mittlerer und höherer Markteinkommen sind die zu zahlenden Steuern höher als das empfangene Grundeinkommen, sie sind folglich Nettozahler im Steuer-Transfer-System. Geringverdiener, deren Steuerschuld niedriger als das empfangene Grundeinkommen ist, sind Nettoempfänger. Wird das Grundeinkommen beispielsweise mit bescheidenen 650 Euro monatlich festgelegt und eigenes Lohneinkommen mit dem festen Satz von 40 Prozent besteuert, dann würden alle Personen mit einem Bruttolohn bis 1625 Euro Nettoempfänger von Leistungen des Grundeinkommens sein. Damit würde der Kreis der Nettoempfänger bis weit in die unteren Mittelschichten hinein ausgeweitet, was das Finanzierungsproblem enorm verschärfen würde. Soll ein Grundeinkommen in existenzsichernder Höhe finanzierbar sein, müsste der Steuersatz auf selbst erwirtschaftetes Markteinkommen für die Nettoempfänger höher sein. Dann ist die Zahl der Nettoempfänger kleiner, sodass insgesamt das Finanzierungsproblem abgemildert wird. Deshalb gehen Pelzer, Fischer und Richter davon aus, dass der Einkommensteuersatz für Nettoempfänger höher sein sollte als für Nettozahler. Wird beispielsweise bei einem Grundeinkommen von 650 Euro monatlich

---

[21] Vgl. H. Pelzer, U. Fischer: a.a.O.; vgl. U. Fischer, E. Richter, H. Pelzer: Das Transfergrenzen-Modell zur Finanzierung eines bedingungslosen Grundeinkommens. Möglichkeiten und Grenzen, Diskussionspapier, Ulm 2006.

die Einkommensteuer für Nettoempfänger mit dem hohen Satz von 70 Prozent festgelegt (der damit immer noch günstiger ist als die bestehende Regelung beim Arbeitslosengeld II mit Transferentzugsraten von 80, 90 und 100 Prozent ab dem 101. hinzuverdienten Euro), dann sind nur noch die Personen mit einem Markteinkommen bis 929 Euro Nettoempfänger. Hier besteht somit ein Konflikt zwischen dem Ziel, das Grundeinkommen eher hoch anzusetzen, und dem Ziel, durch niedrige Steuersätze auch im Niedriglohnbereich finanzielle Leistungsanreize zu stärken.

In den Berechnungen von Pelzer, Fischer und Richter werden noch nicht die Folgen, die ein Grundeinkommen für die wirtschaftliche Entwicklung hätte, berücksichtigt. Eine entscheidende Frage der Finanzierung ist, wie sich die Einführung des Grundeinkommens auf Leistungsbereitschaft

und Produktion und damit auch auf die Höhe der besteuerbaren Einkommen auswirkt. Da mit dem Grundeinkommen die Existenzsicherung vom Druck zur Aufnahme einer Erwerbsarbeit gelöst wird, kann das Arbeitsangebot sinken, insbesondere bei gering Qualifizierten, sodass es hier zu Produktionseinbußen kommt. Die erhöhten Steuern auf Markteinkommen, durch die das Grundeinkommen zu finanzieren ist, bremsen die Leistungsbereitschaft der Arbeitskräfte und Kapitalgeber zusätzlich. Dies gilt grundsätzlich auch bei der Finanzierung durch indirekte Steuern, da auch sie den realen Wert der Markteinkommen senken. Der excess burden, der bei fast jeder Besteuerung auftritt, wirkt als Bremse des wirtschaftlichen Wachstums. Das Grundeinkommen reduziert somit seine eigene Finanzierungsbasis.

Diesen negativen Effekten stehen indes positive Wirkungen für das Wirtschaftswachstum gegenüber. Die mit dem Grundeinkommen verbundene Lockerung des Zusammenhangs von sozialen Sicherungssystemen und Arbeitskosten kann, wie oben dargestellt, positive Beschäftigungs- und damit Wachstumseffekte auslösen. Hinzu kommen aktivierende Wirkungen, die darauf beruhen, dass das Existenzminimum verlässlicher als bisher abgesichert ist. Die bessere soziale Absicherung kann die Risikobereitschaft steigern und so zu einer Zunahme unternehmerischen Engagements führen. Es kann auch zu Effizienzsteigerungen beim Einsatz des Faktors Arbeit kommen. Denn die Mobilität und Flexibilität von unselbstständig Beschäftigten könnten steigen, wenn die negativen Folgen bei einer beruflichen Fehlentscheidung begrenzt werden.

Jedoch ist die Bedeutung einiger dieser Wirkungen für das Wirtschaftswachstum insgesamt als eher gering einzustufen. Denn die Hauptbegünstigten des Grundeinkommens wären gering Qualifizierte und Erwerbsgeminderte, also Gruppen, die ohnehin nur relativ kleine Beiträge zur Produktion und zur Innovationsdynamik leisten können. Folglich wären die Wachstumseffekte bei ihrer Aktivierung nur schwach. Umgekehrt würde auch ein Rückgang ihrer Leistungsbereitschaft (etwa durch den relativ hohen Steuersatz auf Erwerbseinkünfte für Nettoempfänger des Grundeinkommens) nur einen geringen Bremseffekt für die Wirtschaftsentwicklung darstellen.

Weitere aktivierende Effekte treten vermutlich vor allem bei den unbezahlten Arbeiten in der Familie und im Ehrenamt auf. Ein Finanzierungsbeitrag zum Grundeinkommen selbst ist davon jedoch nicht oder nur indirekt zu erwarten, da die Früchte solcher Arbeiten zwar die gesellschaftliche Wohlfahrt erhöhen, aber nicht besteuert werden können.

Inwieweit die bremsenden durch die aktivierenden Effekte abgemildert oder aufgehoben werden, müsste noch genauer erforscht werden und lässt sich vermutlich im Voraus überhaupt nicht sicher bestimmen. Geht man vorsichtigerweise von einer leicht pessimistischen Einschätzung aus, dann ist insgesamt damit zu rechnen, dass die graduelle Entkopplung von Einkommen und Leistung, die durch das Grundeinkommen generell eintritt, umso stärker als Bremse der Produktion wirkt, je höher das Grundeinkommen ist. Folglich muss zwischen dem Ziel, ein hohes Grundeinkommen zu gewähren, und dem Ziel, finanzielle Leistungsanreize zu erhalten, ein Kompromiss gefunden werden. Eine absolute materielle Obergrenze für jedes Grundeinkommen liegt dort, wo durch das Grundeinkommen die Leistungsbereitschaft insgesamt so stark reduziert wird, dass seine eigene Finanzierung nicht mehr gesichert ist.

Fazit

Mit dem Grundeinkommen könnte der Sozialstaat wesentlich einfacher, transparenter und in sich schlüssiger gestaltet werden. Der Produktionsfaktor Arbeit würde von den Kosten der sozialen Sicherungssysteme entlastet werden. Vor allem wäre es das Ende der problematischen staatlichen Kontrollen von Arbeitsfähigkeit und -bereitschaft und der staatlichen Arbeitszuweisungen im Niedriglohnbereich. Das Grundeinkommen wäre die Anerkennung einer bedingungslosen Existenzsicherung für alle Gesellschaftsmitglieder.

Somit ist das Grundeinkommen ein sinnvoller Vorschlag zur zeitgemäßen Weiterentwicklung des Sozialstaates. Dabei sind jedoch die Finanzierungsmöglichkeiten als Grenzen der Umsetzbarkeit stets einzubeziehen. Diese Grenzen sind nicht sicher prognostizierbar, weil im Voraus nicht bekannt ist, inwieweit sich das Grundeinkommen auf die Produktion negativ oder auch positiv auswirkt. Zum einen besteht hier weiterer Forschungsbedarf. Zum anderen können durch Zwischenschritte in Richtung auf ein Grundeinkommen – wie die Abschaffung von Kontrollen der Arbeitsbereitschaft, Zusammenlegung einzelner staatlicher Transfers oder die Erhöhung des Steueranteils an der Finanzierung von Sozialleistungen – dazu Erfahrungen gesammelt werden.

16. 2　Sozialstaat in der Krise: „Das Geld langt für alle. Aber die Arbeit nicht: Zum Sozialstaat gibt es keine Alternative".
Burkhard Müller in *Süddeutsche Zeitung* 06.11.2009

Wer nicht arbeitet, soll auch nicht essen? Diese Haltung darf als überwunden gelten. Warum es keine Alternative zum Sozialstaat gibt und faul sein sollte, wer faul sein will.

Früher hieß es: Wer nicht arbeitet, soll auch nicht essen. Diese Haltung war grausam, und sie darf als überwunden gelten. Heute scheint die Losung zu lauten: Wer nicht arbeitet, dem sei wenigstens die Muße versalzen. Da diese aber das Einzige ist, was der Arbeitslose dem Arbeitenden voraus hat, ist die Grausamkeit kaum geringer. Der Empfänger staatlicher Leistungen erhält morgens Telefonanrufe seines Sachbearbeiters, der schon im Büro sitzt; und es wird ihm so schwer wie möglich gemacht, in Urlaub zu fahren. Auf den Ämtern dauert es stundenlang, bis er mit einem kurzen Gespräch dran ist; dann darf er noch mal kommen, weil ein Formular fehlt. Es wird ihm vor Augen geführt, dass, solange er Geld vom Staat bezieht, sein Leben kein Leben im Vollsinn des Worts ist, sondern nur jenen verminderten Grad des Daseins beanspruchen darf, den das Warten bedeutet.

Das ist grausam; einen bewussten Sadismus aber sollte man dem System nicht unterstellen. Sondern es benötigt diese Grausamkeit, die immerhin die permanente Degradierung von Millionen Einzelleben besorgt, um vor sich selbst und anderen zu verschleiern, wie es faktisch funktioniert. Denn unsere Gesellschaft ist weder eine Wissens-, noch eine Freizeit- oder Risikogesellschaft. Was alle diese Aspekte erst so miteinander verbindet, dass sich ein angemessenes Gesamtbild ergibt, ist der Begriff der Arbeitsgesellschaft.

Nur die Arbeit vermittelt den Menschen mit der Gesellschaft, nur wer arbeitet, hat an ihrem Leben wirklich teil. Und so wird beharrlich an der Illusion gewirkt, die finanzielle Stütze, die der nicht Arbeitende vom Staat erhält, sei nur eine vorübergehende Überbrückung, bis er wieder auf die Beine kommt und neuerlich mitmachen kann, eine Spezialregelung für katastrophale Sonderfälle. Das Fegefeuer ist kein Wellness-Wochenende, nährt aber den gnädigen Wahn, man sei noch nicht in der Hölle. Alle diese Umschulungen für verrentungsnahe 2 Jahrgänge, ABM-Maßnahmen und was es sonst noch so gibt, dienen nicht nur der Schönung der Statistik, sondern verfolgen den tieferen Zweck, als transitorisch oder jedenfalls exzeptionell zu behaupten, was auf breiter Front irreparabel ist. Was auf den ersten Blick wie die reine Piesackerei anmutet, erweist sich als Akt der Fürsorge, als lindernder Balsam auf einer Wunde, die sich niemals mehr schließen wird.

Der Sozialstaat beruht auf der fundamentalen Tatsache, die gleichzeitig gründlich vertuscht wird, dass die Arbeit nicht für alle langt, das durch sie erzeugte Geld aber schon. Die Produktivitätsrate der Arbeit, heißt es, steige hierzulande jährlich um 0,6 Prozent. Um denselben Wert zu erzeugen, braucht man also jedes Jahr 0,6 Prozent weniger Zeit und damit Arbeitskraft. Jede frühere Epoche, die noch im Schweiße ihres Angesichts ihr Brot aß, hätte das als Erfolg verbucht. Doch wie auch sonst so oft, ist es der Menschheit auch hier geglückt, aus einer Lösung ein Problem zu machen. Eigentlich könnten alle 20 Wochenstunden arbeiten, ohne dass die Gesellschaft Einbußen erlitte. Tatsächlich arbeiten einige 60 Stunden und andere null.

Vom Abtrainieren des Arbeitswillens

Was tut man mit denen, die null Stunden arbeiten? Die Entscheidung ist von der Gesellschaft längst getroffen worden. Der Kapitalismus würde als solcher, als ganz und gar entfesselter, komplette Klassen zum Hungertod verdammen. Einen derart großen Anteil der Gesamtbevölkerung mit dieser Drohung zu konfrontieren, kann sich keine Gesellschaft leisten, die sich diesseits einer stalinistischen Klassenpolitik halten möchte und auf ihre Stabilität Wert legt.

Und natürlich muss der Staat auch den Arbeitenden einen Teil ihrer Einkünfte abziehen für den Fall, dass sie aus dem Arbeitsleben ausscheiden; auf freiwilliger Basis wird ein großer Teil der Bevölkerung geeignete vorsorgende Maßnahmen nicht hinkriegen, weil er alles Geld, das ihm in die Finger fällt, sofort ausgibt, teils weil er nicht vorausdenkt, teils weil er es akut benötigt. Der Sozialstaat geht davon aus, dass man die Leute zu ihrem Glück zwingen muss. So kommt eine Staatsquote aus Abgaben, direkten und indirekten Steuern von rund 50 Prozent zustande.

Da wir von dieser Quote nicht herunterkommen werden, sollte man sich fragen, wie man die ohnehin fälligen erheblichen Summen zur Verteilung bringt, ohne Ausschluss, Demütigung und biografische Degradierung zu erzeugen. Im Grunde garantieren Staat und Gesellschaft längst jedermann ein Grundeinkommen, das er in jedem Fall bezieht, egal, was ihm widerfährt. Es hat sich bislang auf verschiedene Weise verkleidet, um seinen einheitlichen Charakter nicht preisgeben zu müssen: bei denen, die im Erwerbsleben stehen, als Sockelfreibeträge in der Besteuerung oder als Kindergeld, bei den anderen als Sozialhilfe und Arbeitslosengeld, vulgo Hartz IV.

Wie wäre es, wenn man das Bürgergeld, das faktisch da ist, endlich auch bei seinem Namen nennen wollte, um es bedingungslos und lebenslagenunabhängig auszuzahlen? Wenn alljährlich zur schönen Maienzeit wieder der Spargel sprießt und mit ihm die Debatte, warum die freiwilligen osteuropäischen Hilfskräfte ihn so schön stechen und die zwangsverpflichteten deutschen Arbeitslosen so miserabel, dann sollte man sich überlegen: Scheinbar bekommen beide Gruppen dafür gleich viel Geld, sagen wir 1200 Euro im Monat. Aber der deutsche Arbeitslose erhält auch ohne zu arbeiten schon, sagen wir, 1000 Euro. Er hätte also seine Arbeitskraft für 200 Euro zur Verfügung zu stellen. Ein solches Angebot, das wird jeder zugeben, ist eine Frechheit.

Gleichheit und Freiheit

Heißt das, der Arbeitslose sollte 1000 Euro auch dann kassieren, wenn er sich weigert, Spargel zu stechen? Ja. Dann aber hätte er doch keinen Anreiz mehr, überhaupt etwas zu arbeiten? Dieser Einwand zeugt von einer alten Angst, die unseres Produktivitätsgrads und des Reichtums der Gesellschaft insgesamt nicht mehr würdig ist. Der Lebensstandard eines Langzeit-Arbeitslosen von heute dürfte höher liegen als der eines Hochofen-Arbeiters von 1950. Dafür existiert dessen Arbeitsplatz vielleicht heute gar nicht mehr. Warum sollte man die Leute zwingen, nach einer Arbeit zu suchen, die es nicht mehr gibt? Das führt nur zu Frustration auf allen Seiten. Es müssen heute nicht mehr alle arbeiten wollen, damit der Laden läuft. Ein voraussetzungslos gewährtes Bürgergeld würde den Krampf lösen und den Zwang, dass sich alles menschliche Leben durch sein Verhältnis zur Arbeit zu rechtfertigen hat, beenden. Wer faul sein will, sei faul. Wer arbeiten will, tue das und kassiere eben entsprechend mehr dafür - und zwar richtig mehr, nicht bloß die kümmerliche Differenz zur Stütze: Das wird ein Stimulus von hinlänglicher Kraft sein. Außerdem bricht die Arbeit von unten nach oben weg, die Jobs verschwinden in der Reihenfolge ihrer Unattraktivität, gerade jene zuerst, die am meisten zur Drückebergerei verführen. Die stumpfsinnigeren Dienstleistungen werden aussterben, ja, alle warenproduzierenden Jobs im engeren Sinn, indem die Produktion insgesamt sich langsam jenen Vorgängen annähert, kraft derer in der Natur die Dinge von selber wachsen.

Eines Tages wird die Herstellung eines hölzernen Stuhls nicht mehr einen Holzfäller, einen Schreiner und andere knochenbrechende Gewerke erfordern, sondern die Stühle werden auf dem Feld von allein der Ernte entgegenreifen, weil die Materie dem schöpferischen Menschen jenes Geheimnis verraten hat, nach dem sie sich gewaltlos von innen heraus baut. Dann wäre es gut, wenn die Gesellschaft sich nicht länger über die Arbeit definiert: Es wird nämlich keine mehr da sein. Mit dem Abtrainieren sollten wir heute schon anfangen.

Vorerst bleibt uns der Sozialstaat mit seiner 50-Prozent-Quote, in der sich freilich auch eine wundervolle Balance ausdrückt. Läge sie bei 100 Prozent, hätten wir die totale Tyrannei, in der alles von einem brutalen Zentralstaat über einen Leisten geschlagen wird. Läge sie bei null Prozent, würden anarchische Zustände herrschen, wo niemand seines Lebens sicher sein könnte. Alle Werte dazwischen entsprächen einer Schlagseite zum einen oder zum anderen. Aber 50: 50, der Einstand der Waagschalen, das präsentiert sich als ein salomonischer Ausgleich jener zwei Dinge, die in jeder Gesellschaft am schwersten unter einen Hut zu bringen sind: Gleichheit und Freiheit.

16. 3 Ein Grundeinkommen für alle – ganzheitliche Lösung statt partielles Flickwerk

Prof. Dr. Thomas Straubhaar, Direktor des HWWI, Hamburg, in *Standpunkt*, 8. Februar 2010

Überlagert durch die aktuelle Finanzkrise war die Frage nach der Zukunftsfähigkeit des Sozialstaats für eine Weile in den Hintergrund getreten. Nun ist die Sicherung des soziokulturellen Existenzminimums wieder in den Blick der Öffentlichkeit geraten. Mit der Forderung des hessischen Ministerpräsidenten Roland Koch (CDU), eine Arbeitspflicht für Hartz-IV-Empfänger als „Element der Abschreckung" einzuführen, ist eine Grundsatzdebatte über eine Reform der Grundsicherung für Arbeitsuchende entbrannt. Bundeskanzlerin Angela Merkel entgegnete, dass „die rechtlichen Rahmenbedingungen, was die Notwendigkeit der Arbeitsaufnahme betrifft, eindeutig ausreichend sind". Denn bereits heute wird sanktioniert, wer eine zumutbare Arbeit nicht annimmt oder angebotene Maßnahmen wie Ein-Euro-Jobs ausschlägt. Aber auch der Koalitionspartner im Bund, die FDP, mahnte Korrekturen der Grundsicherung für Arbeitsuchende an. Neben dem Ziel, die Hinzuverdienstmöglichkeiten zu verbessern, sieht das Liberale Bürgergeld der FDP Sanktionen vor, wenn angebotene zumutbare Arbeit abgelehnt wird.

Die Hinzuverdienstmöglichkeiten für Sozialleistungsempfänger zu verbessern und die Anrechnungssätze für Arbeitseinkommen von derzeit 80 bis 90 % deutlich zu reduzieren, ist aus politischer und ökonomischer Sicht zu begrüßen. Dagegen erscheint uns die Forderung zur weiteren Verschärfung der bestehenden Arbeitspflicht kein sinnvoller Weg zu sein.

Erkenntnisse der sozialwissenschaftlichen Disziplinen – von der Glücksforschung bis zur Verhaltensforschung – lassen vermuten, dass der Mensch nicht ein notorischer Drückeberger ist, sondern sich immer in irgendeiner Form nützlich machen und das Gefühl der Selbstwirksamkeit und der Verpflichtung erfahren will. Natürlich gibt es Ausnahmen. Sie werden jedoch in jedem gewählten Sozialstaatsmodell gleichermaßen zu Problemfällen.

Die partiellen Reformvorschläge gehen an einer langfristig tragbaren Lösung weit vorbei. Eine ganzheitliche Erneuerung der sozialen Sicherung ist stattdessen von Nöten. Denn zum Einen bringen Korrekturen innerhalb des Systems immer neue Probleme hervor. So verdrängen öffentlich finanzierte Arbeitsgelegenheiten zunehmend reguläre Beschäftigung. Zum Anderen kommt der heutige Sozialstaat immer mehr an seine finanziellen Belastungsgrenzen. Viele Erwerbstätige, die heute Renten oberhalb der Mindestsicherung finanzieren, werden später selbst nur noch eine Mindestrente erhalten. Generationengerechtigkeit und der Grundsatz Alterslohn für Lebensleistung sind so nicht mehr gegeben.

Wir brauchen einen Systemwechsel hin zu einer steuerfinanzierten Grundsicherung für alle, hin zu einem bedingungslosen Grundeinkommen. Die Idee ist folgende: Der Staat gewährleistet allen Bürgern vom Säugling bis zum Greis lebenslang ein existenzsicherndes monatliches Einkommen. Dieses Grundeinkommen wird ohne bürokratischen Aufwand als sozialpolitischer Universaltransfer ausbezahlt. Alle erhalten das Grundeinkommen, unabhängig ob jung oder alt, beschäftigt oder arbeitslos, verheiratet oder Single.

Das Grundeinkommen bleibt steuerfrei. Alle Einkünfte aus Arbeit, Zinsen und Dividenden, Miete und Pacht werden vom ersten bis zum letzten Euro an der Quelle erfasst und mit einem einheitlichen und gleich bleibenden Steuersatz belastet. Die meisten der heutigen Sozialtransfers können mit dem Grundeinkommen ersetzt werden. So wird es statt der vielen einzelnen Sozialleistungen wie Grundrente, Sozialhilfe, Arbeitslosengeld II (Hartz IV), gesetzliche Renten- und Arbeitslosenversicherung, BAföG, Wohn- und Kindergeld nur noch das Grundeinkommen geben. Das undurchschaubare Geflecht von personenbezogenen Steuern, Abgaben und Transfers wird so zu einem einzigen, in sich stimmigen, transparenten Steuer-Transfer-System umgestaltet.

Darüber hinaus ließen sich viele der sozial-politisch motivierten Regulierungen des Arbeitsmarktes ersetzen. Oft bewirken sie das Gegenteil des Gewünschten. Sie sollten durch neue, zielführendere Instrumente ersetzt werden. An Stelle von Kündigungsschutzregelungen, die den zu Schützenden den Zugang zum Arbeitsmarkt erschweren, müssten betrieblich zu vereinbarende Abfindungsregeln treten. Auch Mindestlöhne, die für viele gering Qualifizierte Arbeitslosigkeit bedeuten, sind nicht mehr durch eine notwendige Existenzsicherung zu rechtfertigen. Stattdessen können die Löhne von Betrieb zu Betrieb frei verhandelt werden. Dies würde nicht nur mehr Flexibilität und Vorteile für die Unternehmen bieten. Auch Arbeitnehmer würden davon profitieren. Da niemand mehr zur Beschaffung des Existenznotwendigen erwerbstätig sein muss, können sich beide Verhandlungspartner auf gleicher Augenhöhe begegnen.

Das Grundeinkommen schafft so die Basis, aus dem Arbeitsmarkt einen echten Markt entstehen zu lassen. Damit verhindert es ungewollte Arbeitslosigkeit. Im Gegensatz dazu sind das heutige Sozialsystem und die sozialpolitisch motivierten Eingriffe in den Arbeitsmarkt vielfach mit unerwünschten Nebenwirkungen verbunden. Reguläre Beschäftigung wird zunehmend durch Arbeitsbeschaffungsmaßnahmen verdrängt. Kündigungsschutz und Mindestlöhne schaffen für viele Menschen eine kaum zu überwindende Hürde in die Erwerbsarbeit.

Das Grundeinkommen ist ein zutiefst individualistisches Konzept. Weil das Grundeinkommen bedingungslos gewährt wird, verzichtet es auf jeglichen Paternalismus. Niemand überprüft, ob es gute oder schlechte Gründe für eine Unterstützung gibt. Unterstützt wird jeder Einzelne, unbesehen persönlicher Eigenschaften, unabhängig von Alter, Geschlecht, Familienstand, Beruf, Erwerb und Wohnsitz. Alle werden gleich und gleichermassen behandelt.

Das Grundeinkommen trägt dem sozio-ökonomischen Wandel Rechnung. Der Wandel der Lebensformen und unterbrochene Erwerbsbiografien werden von der an einer ununterbrochenen, lebenslangen Beschäftigung festgemachten Sozialpolitik nicht mehr abgedeckt. Sie hat sich weit von der Realität und der Zukunft der Arbeitswelt entfernt. Eine andere Perspektive drängt sich auf. Der schneller gewordene Strukturwandel zerstückelt die Lebensläufe in Phasen der Erwerbstätigkeit mit hoher beruflicher und vor allem räumlicher Mobilität, gefolgt von mehr oder weniger langen, mehr oder weniger freiwillig gewählten Auszeiten, die genutzt werden sollten für die eigene Weiterbildung, die Suche nach neuen Beschäftigungsmöglichkeiten oder für die Erziehung der Kinder. Sozialpolitische Unterstützung benötigen somit jene, die keine Arbeit haben, die vorübergehend oder auch längere Zeit nicht erwerbstätig sind, alleinerziehende Elternteile und Menschen, die Beruf, Wohnsitz oder ihre Lebensabschnittsbegleiter wechseln. Das Grundeinkommen ist unabhängig von Lebens- und Arbeitsbiografien. Es schafft damit auch in Zeiten des Wandels unbedingte soziale Sicherheit.

Ein immer wieder erhobener Einwand gegen ein bedingungslos gewährtes Grundeinkommen liegt darin, dass alle und somit auch jene, die nicht bedürftig oder in Not sind, vom Staat einen Finanztransfer erhalten. Auf den ersten Blick scheint es in der Tat merkwürdig zu sein, dass auch Gutverdienende und Vermögende in den Genuss staatlicher Unterstützung kommen sollen. Ebenso mögen sich einige daran stören, dass staatliche Hilfe nicht zielgenau nur an jene fliesst, die der staatlichen Unterstützung bedürfen, sondern mit der Giesskanne über alle ausgeschüttet wird. Beide Kritikpunkte halten einer genauen Prüfung nicht stand.

Das Grundeinkommen wirkt entgegen des ersten Eindrucks sehr zielgenau. Alle, die Hilfe benötigen, werden auf jeden Fall unterstützt. Niemand bleibt ohne Hilfe, niemand bleibt unterhalb des Existenzminimums. Zwar bekommen auch Gutverdienende und Vermögende das bedingungslose Grundeinkommen. Für sie ist es jedoch nichts anderes als ein in anderer Form gewährter Steuerfreibetrag, wie er bereits heute in Deutschland allen gewährt werden muss. Denn mit einem Grundeinkommen entfallen die heutigen Steuerfreibeträge. Da durch das Grundeinkommen jeder bereits über ein Existenzminimum verfügt, wird jedes zusätzlich erwirtschaftete Einkommen ab dem ersten Euro besteuert. Gutverdienende bleiben also Netto-Zahler und der Steuersatz wirkt progressiv, das heisst, wer besser verdient, wird mit einem höheren Netto-Steuersatz belastet. Geringverdienende hingegen werden netto unterstützt. Zugleich lohnt sich mit einem Grundeinkommen – im Gegensatz zu heute – jeder hinzuverdiente Euro. Das Grundeinkommen ist also ein einfaches und dennoch zielgenaues sozialpolitisches Konzept, das zudem die Arbeitsanreize verbessert.

Das Grundeinkommen ist eine sozialpolitische Revolution. Die Risiken, die ein derart fundamentaler Neuanfang mit sich bringt, sind abzuwägen mit den Risiken des Festhaltens am heutigen System. Für Deutschland zeigt sich, dass das Grundeinkommen den schwierigen Zielkonflikt zwischen ökonomischer Effizienz und sozialer Gerechtigkeit am kostengünstigsten beheben würde. Natürlich löst das Grundeinkommen nicht alle sozialpolitischen Probleme – auch nicht das Problem von Arbeitsverweigerung, das aber auch bei jedem anderen Sozialsystem bestehen bleibt. Das Grundeinkommen macht jedoch viele Probleme einfacher lösbar. Vor allem öffnet es kommenden Generationen grössere Handlungsfreiräume für eine eigenständige Gestaltung ihrer Lebensumstände als jede Alternative.

Ein solch fundamentaler Umbau des Steuer- und Sozialsystems kann jedoch nicht von heute auf morgen sondern nur schrittweise erfolgen. Denn die Erprobung einzelner Schritte und Stufen in der Praxis schafft Erfahrungen. Soweit unerwünschte Wirkungen eintreten, muss und kann schnell und unkompliziert nachjustiert werden, so dass de facto ein gradueller Übergang in das neue Steuer-Transfer-System stattfindet.

Das vom ehemaligen Thüringer Ministerpräsidenten Dieter Althaus entwickelte und in der CDU diskutierte Solidarische Bürgergeld findet im Koalitionsvertrag von CDU, CSU und FDP als Prüfauftrag für ein „bedarfsorientiertes Bürgergeld" seine Fortsetzung. In der Systematik der negativen Einkommenssteuer könnte nun ein zweistufiger Steuersatz sowie ein Kinderbürgergeld von 300 Euro eingeführt werden. Damit wäre das Bürgergeld leichter finanzierbar als ein gleiches Grundeinkommen für alle. Es beinhaltet jedoch immer noch die Vorzüge des bedingungslosen Grundeinkommens, ohne dabei die hohen Risiken einzugehen, die mit einer sofortigen Umsetzung des idealtypischen Modells verbunden wären. Es bietet somit einen realisierbaren Ansatz zur Einführung eines ganzheitlichen Steuer-Transfer-Systems.

Eine gekürzte Fassung dieses Beitrags ist am 8. Februar 2010 in der *Süddeutschen Zeitung* erschienen.

Gérard Bökenkamp

Das Ende des Wirtschaftswunders

Geschichte der Sozial-, Wirtschafts- und Finanzpolitik in der Bundesrepublik 1969 – 1998

2010. VIII/577 S., geb. ISBN 978-3-8282-0516-1
Subskriptionspreis bis 31.12.2010: € 49,- (danach € 59,-).

In den 1970er Jahren vollzog sich ein Bruch, der einen neuen Rahmen für die Sozial-, Wirtschafts-, Finanz-und damit auch für die Gesellschaftspolitik setzte und dadurch auch den Status der Politik dauerhaft veränderte. Die Bundesrepublik war nicht mehr länger das Land des Wirtschaftswunders. An die Stelle geringer Defizite und Vollbeschäftigung traten rasant steigende Staatsverschuldung und Dauerarbeitslosigkeit.

In der Euphorie der Wiedervereinigung entstand noch einmal die Hoffnung auf ein „zweites Wirtschaftswunder", die sich jedoch nicht erfüllte. Im Gegenteil wurden die Weichen so gestellt, dass die öffentlichen Haushalte und der Arbeitsmarkt vor zuvor nicht gekannte Herausforderungen gestellt wurden.

Dieses Buch erzählt die Geschichte von den Ursprüngen und der Entwicklung dieser großen Veränderungen. Es zeichnet über drei Jahrzehnte hinweg vom Beginn der sozialliberalen Ära bis zum Ende der Regierung Kohl den Weg nach, der vom Boom zum Beginn des Untersuchungszeitraums zu den 5 Millionen Arbeitslosen des Jahres 1998 führte.

Inhaltsübersicht:

Erster Teil
Das Jahrzehnt der Illusionen 1970 – 1980
Zweiter Teil
Das Jahrzehnt der unvollkommenen Konsolidierung 1980 – 1990
Dritter Teil
Die Bewältigung der Deutschen Einheit 1990 – 1998

 Stuttgart

Labour Economics

**Herausgegeben von
Bernd Fitzenberger, Werner Smolny und Peter Winker**

Themenheft Jahrbücher für Nationalökonomie und Statistik 2+3/2009
(Herausgegeben von Wolfgang Franz, Werner Smolny, Peter Stahlecker, Adolf Wagner, Joachim Wagner, Dietmar Wellisch und Peter Winker)

2009. 246 S., kt. € 88,-. ISBN 978-3-8282-0478-2

Inhaltsübersicht:

Abhandlungen / Original Papers

Uwe Hassler, Jürgen Wolters
Hysteresis in Unemployment Rates? A Comparison Between Germany and the US¤

Werner Smolny
Wage Adjustment, Competitiveness and Unemployment – East Germany after Unification

Andreas Löschel, Ulrich Oberndorfer
Oil and Unemployment in Germany

Axel Börsch-Supan, Alexander Ludwig
Living Standards in an Aging Germany: The Benefits of Reforms and the Costs of Resistance

Friedrich Heinemann, Ivo Bischoff, Tanja Hennighausen
Choosing from the Reform Menu Card – Individual Determinants of Labour Market Policy Preferences

Knut Gerlach, Olaf Hübler
Employment Adjustments on the Internal and External Labour Market – An Empirical Study with Personnel Records of a German Company

Dirk Antonczyk, Bernd Fitzenberger, Ute Leuschner
Can a Task-Based Approach Explain the Recent Changes in the German Wage Structure?

Nicole Guertzgen
Firm Heterogeneity and Wages under Different Bargaining Regimes: Does a Centralised Union Care for Low-Productivity Firms?

Horst Entorf
Crime and the Labour Market: Evidence from a Survey of Inmates

Joachim Möller, Annie Tubadji
The Creative Class, Bohemians and Local Labor Market Performance

Thiess Buettner, Alexander Ebertz
Spatial Implications of Minimum Wages

Volker Zimmermann
The Impact of Innovation on Employment in Small and Medium Enterprises with Different Growth Rates

Irene Bertschek, Jenny Meyer
Do Older Workers Lower IT-Enabled Productivity? Firm-Level Evidence from Germany

LUCIUS & LUCIUS Stuttgart

Bei Fragen zur Produktsicherheit wenden Sie sich bitte an:
If you have any questions regarding product safety,
please contact:

Walter de Gruyter GmbH
Genthiner Straße 13
10785 Berlin
productsafety@degruyterbrill.com